「年上の部下」をもったら読む本

濱田秀彦
Hidehiko Hamada

きずな出版

はじめに

なぜ「年上の部下」は難しいのか？

この本を手にとってくださったあなたは、年上の部下をもっている、またはこれからもつことになる方でしょう。部下指導はただでさえ難しいもの。そのうえ相手が年上となれば、ますます難しくなるのは確かです。

私もかつて年上の部下を多くもち、苦労した経験があります。

初めて部下をもったのは27歳、住宅リフォーム会社の支店長になったときです。部下は6名、大半は年上でした。

部下指導のやり方もよくわからないまま管理職になったところに、部下のほとんどは年上……うまく動かすことができず、何もかも1人でやることになってしまいました。

だから、この本を手にとってくれたあなたの悩みや不安はよくわかります。

本書は、その悩みを解決し、不安をなくすためのものです。


私は現在、公開セミナーや企業研修の講師をやっています。

いま最も多いテーマは部下指導など、マネジメントに関するものです。

講師生活20年の中で、3万人以上のビジネスパーソンとご一緒してきました。

その中で、5年ほど前から気付いたことがあります。受講者からの質問で「年上の部下にどう対処したらよいでしょう?」というものが急に増えたのです。

そして最近は「年上の部下をもっている人は手を挙げてください」と聞くと、1／3ぐらいの受講者が手を挙げます。このような経験から、年上の部下の指導が大きなテーマになっていることを肌で感じています。

さらにこれからの時代、役職定年になり、一般社員に戻る高齢の社員が増えていきます。

確実にいまより年上の部下が増えていくのです。いままで自分の上司だった人が、自分の部下になるということも、珍しいことではなくなりつつあります。**ちなみに、あるデータによると、毎年200万人というペースで年上の部下は増えているそうです。**

今後は、管理職やリーダー層にとって、年上の部下をどう動かすかがマネジメントの最重要課題になっていくでしょう。

年上の部下の難しさは、彼らにプライドがあることから生まれます。

これまで、学生時代や就職してからも年上の人が上の立場であった場合がほとんどで、年下から指図をされるようなことはめったになかったはずです。そんな人生を過ごした人が、年下の上司に命令されるような状況に置かれれば、違和感をもつのは当然です。

年上の部下のモチベーションの低さも問題です。

役職定年を迎えた方の中には「これまで会社のために一生懸命やってきた。能力が下がったわけでもないのに役職を奪われ、収入も下がった。やっていられない」と思っている人も少なくありません。

定年が近くなると、何かにつけて**「もう先が長くないから」**と言う人もいます。

実際のところ、私も50歳代の後半、本書で想定している年上の部下の年代です。彼らと同じ時代を生き、似たようなビジネス人生を送ってきました。だから、彼らの気持ちはよくわかります。

もちろん、年上の部下の中には、人間的に優れていて仕事の技量もモチベーションも高い人がいます。そういう人が部下になってくれればよいのですが、なかなかそうはいきません。また、たとえ相手がやりやすい人だとしても、年上の部下をもつ難しさがゼロになるわけではありません。

なぜなら年下の上司たちも、いままでは年上の人々の指示で動くことが多かったからです。

それが突然、自分が年上に指示する立場になった。この状況に、自然な気持ちで対処するのは難しいこと。どうしても遠慮が生まれます。

いずれにしても、年上の部下は難しい存在。こうして、ただでさえ難しい部下指導が、相手が年上の部下になるとますます難しくなるのです。

とはいえ、難しいと言ってばかりもいられません。年上であっても部下は部下、職場の貴重な戦力です。管理職やリーダーとして、活かしていく必要があります。

年上の部下を活かすために、カギになるのが3つのコンセプトです。

それは、

（1）自分は管理職・リーダーという役割を遂行する

（2）相手は人生の先輩であるという敬意をもって接する

（3）相手に問いかけるという手法（コーチング）を使う

というものです。

そして、この3つのコンセプトは、本書全体を通底するものです。

本書では、3つのコンセプトをどう具体的に進めていくか、年上の部下を指導する際に課題になることを、

- **指示の出し方**
- **やる気の引きだし方**
- **職場に溶け込ませる方法**

・注意の仕方
・スキルや経験の活かし方

という5つのテーマに分けて紹介します。
また、最終章では年上の部下をタイプ別に分け、どのように指導方法をチューニングすれば効果的かを示します。

本書を読み終えた頃には、年上の部下の指導法が身についているはずです。
それは、目の前にいる年上の部下の指導に役立つだけでなく、これからの時代の管理職、リーダーとして力を発揮できることにつながります。

それでは、お付き合いください。

目次

第1章

「年上の部下」に指示するときには、どうすればいいか？

第2章

「年上の部下」のやる気を引き出すには、どうすればいいか？

第3章

「年上の部下」を職場に溶け込ませるには、どうすればいいか？

第4章

「年上の部下」を注意するときは、どうすればいいか？

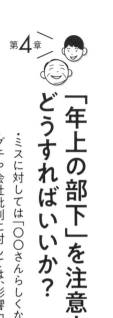

第5章

「年上の部下」のスキルと経験を活かすには、どうすればいいか？

最終章　タイプ別「年上の部下」に対するチューニング

「年上の部下」をもったら読む本

第1章

「年上の部下」に指示するときには、どうすればいいか？

一点だけ意思を込め、あとは任せる

年上の部下をもった管理職、リーダーが最初に戸惑うのが指示の出し方でしょう。部下とはいえ相手は年齢的に上。やりにくいことは確かです。ただ、指示が不適切だと、仕事はうまく進みません。この章では年上の部下に対する指示の方法を考えます。

年上の部下に指示を出す際の基本スタンスは「自分は上であり、自分は下である」です。

「自分は上である」の意味は〝自分は組織図で上のポジションであり、指示を出す役割を担っている〟ということ。自分は相手より偉いという意味ではなく役割が違うのです。

「自分は下である」の意味は〝自分は年下である〟という事実を素直に認めるということ。

人生の先輩である相手に敬意をもって接する必要があります。

「上であり下である」という2つのスタンスがきちんと両立していないと、指示は不適切になります。

指示に関して、年下の上司がやってしまいがちな典型的な誤りが2つあります。

ひとつは「遠慮しすぎてあいまいな指示を出してしまう」ことです。

本来、指示とは「何かをするように言いつける」こと。

しかし、相手は年上。だから上からの物言いはしにくい。

そう考えてしまうのはしかたないのですが、それがあいまいさにつながります。

年上の部下の不満として「年下の上司の指示がはっきりしなくて動きにくい」というものがあります。やらなくてはいけないものなのか、できればやってほしいという程度のことなのか不明確だということです。これは指示を出す側に、「自分は上である」という意識が足りないことからきています。

もうひとつ、年下の上司がやってしまいがちなことが「自分は上司、なめられてはいけ

ない」と意識しすぎて〝上から感〟を出してしまうことです。

年上の部下にはプライドがあります。

上から言ってしまうと素直に動いてくれなかったり、反発を招いてしまうのです。

これは「自分は下である」という意識が足りないことからきています。

この典型的な誤りを、かつて私は両方やりました。

初めて管理職になった住宅リフォーム会社の支店長時代。

6人の部下のうち、5人は年上でした。最初のうちは年上の部下に遠慮してしまい、はっきりしない指示をしていました。当然、部下は思うように動いてくれません。

そのうち「自分は若いとはいえ支店長。なめられてはいけない」と、変に意気込みはじめました。すると、年上の部下はますます動かなくなります。

その結果、多くの仕事を1人で抱え込み、身動きできなくなりました。

「自分は上である」という役割の意識が不十分なままスタートし、その後は「自分は下である」という意識が薄れて敬意を欠いた言動をするという、「年上の部下マネジメント」の基本スタンスと真逆の行動をとってしまったわけです。

だから、年上の部下に対して「上であり、下である」というスタンスを取ることの難しさはよくわかっています。

では、具体的にどのようにすればよいか。困ったときには原則が頼りになります。

指示の原則は3つあります。

「ゴールを示す」「やり方を示す」「肯定的に示す」です。

ゴールは「何のために（目的）、何を（対象）、いつまでに（納期）、どのレベルの品質で（要求水準）」やってほしいかを示します。

たとえば、「来年度の新人受け入れのために、備品発注マニュアルを、来月中に、新人が読みながら独力で実施できるようなレベルでつくる」のがゴールになります。

そして、2つめの「やり方を示す」ところが大きなポイントになります。やり方を示すのは、言い換えれば「自由にしてよい範囲を示す」こと。

やり方をこまかく示してしまうと、自由にしてよい範囲が狭くなります。それは年上の部下にとって窮屈ですので、配慮がほしいところ。とはいえ、なんでも自由にしてしまうと期待したのと違うものができあがってきてしまいます。そこでやりたいのが「ここだけは」という一点に絞って自分の意思を込めることです。たとえば、

「ひとつだけお願いがあります。部門で決めたマニュアルフォーマットを使って作成してください。内容や表現方法はすべてお任せします」

というように。

最後、3つめの原則「肯定的に示す」は、「〇〇しないように」という表現ではなく、「〇〇するように」と表現することです。たとえば、

「新入社員の研修で使いたいので、遅れないように完成させてください」

ではなく、

「新入社員の研修で使いたいので、来月中に完成させてください」

という表現にします。

「〇〇しないように」という否定的な表現だと、制約のニュアンスが強くなります。これ

もまたベテランの年上部下に窮屈な印象を与えてしまいます。
そうならないよう、年上の部下に対する指示では、

「遅れない」→「間に合わせて」
「予算オーバーしないように」→「予算内で」
「誤りのないように」→「精度を高く」

というように、肯定的な表現を活用します。
このように、指示の3原則に基づき、なかでも「自由にしてよい範囲を広めに」、そして「肯定的な表現で」ということを意識して指示を出すとよいでしょう。

POINT

- **「自分は上であり、下である」というスタンスで接する**
- **遠慮しすぎない**
- **ゴールを示し、やり方を示し、肯定的に示す**

目を見て、名前を呼びながら指示を出す

年上の部下に指示を出す際の、話し方について解説します。

人生の先輩である相手に敬意をもって接することは重要ですが、それが遠慮になり、はっきりしない話し方をしてしまっては、相手は動きません。

最も重要な点は、相手の目を見て話すということです。

私のセミナーで、簡単な実験をすることがあります。

2人でペアをつくってもらい、先攻の人に30秒間、お勧めの観光スポットを挙げてもらい、後攻の人に対して、そこに行くように勧めるというものです。

この際、先攻の人に、前半の15秒は相手の目を見ず、後半15秒は相手の目を見て話してもらいます。

話が終わったところで、後攻の方に前半15秒の感想を聞くと、

「独りごとを言っているように見えた」

「勧めている感じがしなかった」

「行こうという気にはなれない」

という声があがります。

そして、後半15秒の感想を聞くと、

「私に向けて話していると思った」

「熱意が感じられた」

「言葉が自分に入ってくるようになった」

「行ってみたいという気持ちになった」

という話が出ます。

目を見て話すことで影響力が増すわけです。

年上の部下に指示を出す際も、影響力が必要です。だから、組織上の役割を果たすためには、目を見て話すことが必須なのです。

ところが現代の管理職、リーダー層の中には、相手の目を見て話すことを苦手にしている人が少なからずいます。話しているうちに気詰まりになる。相手が年上であればなおさらです。これに関しては、いくつか解決方法があります。

ひとつは、正面に座らずに角度をつけるという方法です。

視線の逃げ場ができ、ずっと真正面から相手の目を見ている必要がなくなるため、楽になります。特に丸いテーブルは、お互いが自然と真正面にならない位置に座るため、効果的です。この状況だと会話量が増える傾向があり、指示以外の日常的な話し合いにも向いています。

ただ、この方法は相手にあえてプレッシャーをかけたい場合には向きません。

あえて、真正面に座って話す場合の対策も必要です。

真正面で話す場合〝考えるときは視線を切る〟という対策があります。

たとえば、「今日はお願いがあります」というセリフは目を見て話し、「**どういうお願いかというと……**」という部分は視線を切って、「**○○さんに、A君の指導をお願いしたいのです**」という部分は目を見て話す。これだけでも、だいぶ楽になります。

肝心のところは目を見て話しますので、効果はさほど落ちません。

この方法は即効性があります。しかし、次の方法は慣れるのに少し時間がかかります。ただ、こちらは根本的な解決につながります。

それは、相手の目を見て聞くことです。

目を見て話すのが苦手な人は、相手と目が合っている状態に慣れていない人です。

そこで、話すより楽な「聞く」という場面で相手と視線を合わす練習をします。

目を見て聞けば、相手は「きちんと話を受け止めてくれている」という印象を持ちますので、一石二鳥です。

当面は、角度をつける、考えるときは視線を切るという方法で対処しながら、中期的には目を見て聞くことで、視線が合っている状態に慣れていくというのがお勧めです。

ちなみに、目を見て話すのが苦手な人に、「相手の眉間のあたりを見る」「相手の鼻のあたりを見る」という方法を勧める方がいますが、不自然になりますし、効果は大幅に減少しますので、私はお勧めしません。


ここまでは、1対1で話す前提でしたが、年上の部下を含む、チームメンバー全員に話す場合も、目を見て話すことは重要です。

年上の部下は「自分はチームの中で特別な存在である」と考えがちです。

たとえば、朝礼で上司が指示を出す際**「みんな、電話が鳴ったらもう少し早く出るようにしてほしい」**と言うと、**「これは、若い部下に言っていることだな。みんなの中に自分は入っていないから関係ない」**と他人事のように聞き流してしまうことがあるのです。

それを防ぐために、若い部下だけでなく、年上の部下の目も見て話します。

5秒間ひとりにだけ話すようにし、次の5秒は他のメンバーにだけ話す、ということを続け、その中に年上の部下も入れていくようにするのが理想です。

さらに、効果的なのが相手の名前を入れるということです。

たとえば、「みんな電話に出て」で済ませるのではなく、年上の部下の名前を呼びます。

ただ、「**みんな頼むよ。鈴木さん（年上の部下）もお願いします**」と、一人だけ名前を呼んで確認するのも不自然です。対処としては、

「高橋君と田中君は午前中出かけることが多いから、夕方積極的に電話に出てほしい」

「佐藤君と鈴木さん（年上の部下）は夕方業務の締めで忙しいでしょうから、その分午前中お願いします」

というようにします。

目を見て、名前を呼びながら。たったそれだけのことで、指示の力はアップします。

POINT

- **会話量を増やしたい場合は、正面に座らない**
- **相手の目を見て聞く**
- **指示の中に自然に名前を入れる**

「指示」であることが明確になるセリフを使う

ここではセリフに焦点をあて、指示の際に言ってしまいがちな誤解を招くセリフを挙げ、それをどう言い換えればよいかを考えます。上司としては、きちんと指示したつもりのことが、年上の部下からすると「指示ではなく単なる話し合いだと思った」となってしまうのは、言い方に問題がある場合が多いもの。たとえば、こんな感じです。

上司「お忙しいところすみませんが、来期の目標に関することでお話が……」
部下「なんでしょう」

上司「先日提出してくれた目標なんですが、できればもう少し具体的にしてもらえないでしょうか？」
部下「もともと私の仕事は、成果を数字で表すのは難しいんですよ」
上司「それはわかるのですが、ちょっと考えてもらえませんか？」
部下「はあ」

上司としては目標を具体的なものにする修正を指示したつもりですが、部下は「意見を聞かれただけで、目標を修正しろと指示されたわけではない」と考えてしまう可能性があります。

この会話の中で誤解のもとになっているのが「できれば」という言葉と「もらえないでしょうか？」「考えてもらえませんか？」という疑問形の言い方です。

年上の部下に指示を出す際、上からにならないよう丁寧に言うことは必要ですが、こういう言い方をしてしまうと、意向がきちんと伝わりません。

なぜ「できれば」がよくないかというと、「できなければやらなくてよい」と取られてしまう恐れがあるからです。だから、この言葉は封印し、使わないほうがよいでしょう。

一方の「○○してもらえないでしょうか」という言い方については、それ自体が悪いということではありません。ただ、相手に投げかける以上、最後はこちらで確認して終わるということが必要になります。話の「詰め」をきちんとするということです。それをやらないと、指示ではなく単に意見を言えばいいだけの「相談」ととられてしまう可能性があるのです。「○○してもらえないでしょうか」というよりも、「○○してほしい（していただきたい）のですが」というようにしたほうが意向は伝わります。

この2点を踏まえて、先ほどの会話を変えてみましょう。

上司「来期の目標に関することでお話があります」
部下「なんでしょうか」
上司「先日提出してくれた目標を、もう少し具体的にしていただきたいのですが」
部下「もともと私の仕事は、成果を数字で表すのは難しいんですよ」
上司「それはわかります。ただ、今期は具体的な目標に向けて、具体的な行動をしていくチームにしていきたいと考えています。そこで○○さん（年上の部下）だけでなく、他のメンバーにも目標を具体的にするよう頼んでいます」

部下「はあ」

上司「今週中に目標の再提出をお願いします。目標を数字で表せなければ、こういう状況を実現するという表現でも構いません。何曜日に出していただけそうですか」

部下「じゃ、金曜に提出します」

このように、「できれば」をなくすことで「できなければやらなくてよい」という誤解を招くことがなくなり、「○○してほしいのですが」という表現にしたことで、意向もはっきり伝わるようになります。

「何曜日に出してもらえますか」という詰め方もポイントです。年配の部下の中には「はあ」という、イエス・ノーのはっきりしない言い方をする人もいます。「よろしいでしょうか」という詰め方だと「はあ」と言われてしまう可能性があります。

かつて私もこの「はあ」に悩まされましたが、あるとき、ふと気付きました。イエスかノーかを聞くような質問をしたときに、この「はあ」が返ってくるのです。

このように答えがイエス・ノーになる質問を「クローズ質問」といいます。そこで、質問を答えがイエス・ノーにならない「オープン質問」という形式に変えてみました。

具体的には、5W2H（いつ、どこで、誰が、何を、なぜ、どのように、どれくらい）で聞くものです。これで「はあ」は防げました。

たとえば、「何曜日に出してもらえますか（いつ）」、あるいは、「どんな風に進めたらよいと思いますか（どのように）」というように聞きます。

そうすると具体的な答えが返ってきて、話が前に進みます。丁寧に、かつ詰めはきちんとしていく。これが、指示する際のセリフのポイントです。

POINT

- 「できれば」と「〇〇してもらえませんか？」は使わない
- 詰めをはっきり伝える
- クローズ質問ではなく、オープン質問を使う

指示の際に「傾聴」と「問いかけ」を活用する

最近は、管理職・リーダー層のスキルとして「積極的傾聴（以下傾聴と略）」が幅広く知られるようになってきました。ご存じの方も多いと思いますが、傾聴とは、よい聞き方のことです。部下指導全般に有効だと言われているこのスキル。じつは、年上の部下に対して特に有効なのです。

傾聴をする効果として代表的なものは次の通りです。

① 相手は話をするとすっきりする（自浄効果）

② 相手は「わかってもらえた」という気持ちになる

③ 相手の前向きな気持ちを引き出すことができる

④ 相手に「聞いてもらった」という感謝の気持ちが生まれる

この中でも、②と④が特に年上の部下との会話で効果があります。

②の「わかってもらえた」について。年上の部下は「若い上司には、自分の気持ちはわからない」と考えてしまいやすいもの。傾聴することで、そういう感覚を軽減できます。

④の感謝の気持ちが芽生える点もポイントです。指示は、どうしても上からになってしまいがちなもの。だからこそ、傾聴を活用したいのです。

以下、傾聴の仕方を挙げるとともに、指示にどう組み込めばよいかを解説します。

まずは、傾聴の仕方から。ポイントは、

Ⅰ 相手の目を見て

Ⅱ 相手の話のペースに合わせてうなずき

Ⅲ 相手と同じ表情で

このように聞きます。Ⅰの相手の目を見て聞くことで、「あなたの話をきちんと受け止めていますよ」というメッセージが送れます。

Ⅱの相手の話のペースに合わせてうなずくことは、相手に「あなたの好きなペースで話していいですよ」というメッセージを送る効果があります。

これについては、少し自主練習するとよいでしょう。

お勧めの練習材料は、テレビの天気予報で気象予報士が話しているところです。

天気予報では、ニュースよりも少しゆっくり話す傾向があって練習しやすいのです。

その画面を見ながら、話にあわせてうなずいてみます。

注目点は話している人の顔の上下です。多くの場合、かすかにうなずきながら話しています。それに合わせて自分もうなずくとペースが合わせやすくなります。

Ⅲの相手と同じ表情で聞くということは、相手が嬉しそうに話していたらこちらも嬉しそうに、相手が困った表情ならばこちらも困った表情で聞くということです。これは、「あなたの気持ちをわかろうとしていますよ」というメッセージを送る効果があります。

傾聴の方法がわかったら、次はどう指示の場面に組み込むかです。

前述した指示の3原則の中に「やり方を示す」があり「これだけはこうしてほしいと一点だけ意思を込め、あとは任せる」ことをお勧めしました。

ここで、

「それ以外のやり方は、お任せしようと思っていますが、○○さんとしては、どのように進めたらよいと思いますか？」

と問いかけ、相手の答えを聞く際に傾聴するとよいでしょう。

また、指示した際に、相手が指示に「こういう理由で難しい」と難色を示した場合も、傾聴することで相手の抵抗を和らげることができます。

問いかける際は、前項で出てきた「オープン質問」を使います。そのほうが相手が長く話すため、こちらは意見や考えを把握しやすくなりますし、傾聴のチャンスも増えます。

この場合は進め方について聞いていますので、「どのように」を使うとよいでしょう。

この他にも「何がポイントになると思いますか？」という質問なども有効です。

このように、オープン質問で問いかけるとよいのですが、その中で「なぜ」という質問

は注意して使ってください。「なぜ」に否定的な言葉がつくと、責めのニュアンスが強くなってしまうからです。

たとえば「なぜできないのですか？」という質問をすると、相手は責められていると感じ防御的になり、前向きな発言ではなく、言い訳を言いやすくなるからです。

そこで、「なぜできないのですか？」と聞くより、**「何が障害になりそうですか？」「何がネックになりそうですか？」**と言い換えて聞いたほうが、相手は素直に答えられるということです。

このように、指示の際に「傾聴」と「問いかけ」を組み込むことで、その仕事に対する年上の部下の前向きな反応を引き出すことができます。

POINT

- **傾聴は年上の部下に対して特に有効**
- **天気予報でうなずきの練習をする**
- **「なぜ」は「何」に言い換える**

指示事項に「進捗報告」を埋め込む

パソコンやスマホ、タブレットの中で仕事が進んでいく最近のビジネススタイルのもとでは、ただでさえ部下の動きがつかみにくい。そこにもってきて、年上の部下は報連相をあまりしてくれない。マネジメントにとって、これは放置できない重要課題です。年上の部下が報連相を、なかでも、「報告」と「相談」をしてくれないのは、理由があります。

「報告」は、主に上司や顧客など仕事の発注者に対する情報提供活動です。そして、上方向におこなうもの。年上の部下にとって報告をするということは、相手が上司であるという現実を目の当たりにすることにつながります。

また「相談」は問題解決のために、アドバイスや判断を仰ぐ活動。自分で問題が解決できないことを認めるのは嫌なものです。また、「自分が判断してはいけない」という現実を思い知ることになります。

その気持ちは理解できますが、上司としては報告や相談をしてくれないとマネジメントができません。仕事の状況が把握できませんし、勝手な判断をされたら最適な解決策が選択できなくなり、結果的にチームの業績に影響が出てしまいます。

とはいえ、「あれ、どうなっていますか？」としつこく聞いて、嫌な顔をされるのも避けたいところ。では、どうするか。

解決策は、指示をする際に進捗報告を依頼しておくことです。

たとえば、今日が月曜日で、今週中にやってほしい仕事があった場合。

上司「○○さん、今週中にこの仕事お願いします」
部下「なんとかします」
上司「やり方についてはお任せしますので、水曜の夕方に一度進捗を教えてください」

部下「わかりました」

このように、指示の最後に中間報告を頼んでおきます。

ポイントは時期を明確にしておくことです。

これには２つの理由があります。

ひとつは、時期を明確にしておかないと、ずるずると報告時期が遅くなり、納期直前になって間に合わないといった事態が露見するからです。

もうひとつの理由は、時期を明確にしておけば着手を早められる可能性があるということ。月曜に依頼して今週中に納品という仕事の場合、最悪なのは納期直前、金曜の夕方あたりから着手される状況です。そうなると指示に関する記憶はあいまいになっています。その上、納期は間近。丁寧な仕事などできません。

結果的に指示とは異なる内容で、やっつけ仕事なアウトプットが出てきて、最悪の場合やり直してもらうことになります。これは、上司・部下ともに避けたい状況です。

「水曜の夕方に進捗報告を」と依頼しておけば部下も「まだ着手していない」とは言いに

くいため、少しでも手をつけようとします。月曜に指示されたことですから、まだ記憶も鮮明。指示内容に沿った作業をしてくれる可能性が高くなります。

また、中間報告の時点で問題が発覚すれば、対策を考え、手を打つ時間もあります。あまり相談をしてこない年上の部下の仕事に関し、問題解決のためのアクションができるわけです。さらに残り期間で、アウトプットの質を上げられるという効果も期待できます。

このように、指示する際に中間報告を依頼しておくだけで、多くのメリットが得られます。これは年上の部下に対してだけでなく、報告が少ない、着手が遅い部下に対しても有効です。同様にやっていくとよいでしょう。

ただ、このように依頼しても、中間報告をしてこない年上の部下もいます。ここからは、そういうケースへの対応を考えます。

上司「○○さん、そろそろ進捗を教えてもらえる時期ですよね」

部下「そうでしたっけ」

こんな様子でとぼけられてしまうようなケースに対しては、こちらが中間報告を依頼したことを覚えている、というメッセージを伝える必要があります。

単純ですが、中間報告を依頼した際、部下の目の前で「水曜夕方に進捗確認」といったことを手元にメモしておくことが有効です。

それを見た部下は「これはとぼけられない。間違いなくチェックが来る」と考えます。

本来、こういう外堀を埋めるようなことはしたくないのですが、指示通りに中間報告をしてくれない部下には対処をしなくてはなりません。やむを得ない措置です。

このようにして、「指示に中間報告を埋め込む」ことを、やってみてください。

POINT

- **進捗報告が必須であることを指示する**
- **報告時期をはっきり伝える**
- **とぼけられないように、目の前でメモしている姿を見せる**

元上司が部下になった場合は、「お願いします」を多用する

もともと自分の上にいた人が、自分の部下になる。これは難しい状況です。

たとえば仕事を教えてくれた先輩が部下になる。最も難しいのは元上司が部下になるケース。しかし、この難しい状況に直面している管理職、リーダー層が増えています。

これは、特に間接部門でよく見られる傾向です。

私は研修講師をしている関係で、企業の間接部門である総務系、特に人事部門の方とよく話をします。

人事系の分野の専門スキルは、社会保険、賃金、採用、教育などです。

人事部長が役職定年になったとします。

その専門スキルを最も活かせる場所は、当然ながら人事部門。そうなると、人事部長が役職定年で一般社員になったとき、元の部下、人事課長の下で働かざるを得ないということが起こります。

これが元営業部長ならば、プロフェッショナル営業マンとしてやっていくということができるのでつぶしがきくのですが、スタッフ部門は、専門スキルを活かせる職場が多くないため、そうはいきません。

もし、あなたがスタッフ系の部門で中間管理職をやっているなら、いずれいまの上司が部下になる可能性が高いのです。

すでに元上司を部下にもっている方は、難しい日々を送っていることでしょう。

ついこの前までその人の指示で動いていたのに、今度は自分が指示を出す立場。そう簡単に切り替えられるものではないでしょう。

たとえ元上司が人間的にできた人であっても、やりにくいことには変わりありません。

そうは言っても、管理職としてはこの難しい状況をなんとかする必要があります。

やるべきことは、

- **「元上司の役割をつくること」**
- **「指示の際など、言い方に配慮すること」**

の2つです。


まずは、役割から考えましょう。

元上司は役職がなくなり、2階に登って、はしごを外されたような状況になっています。新しい役割をつくらないと宙に浮いた存在になってしまうのです。

では、どんな役割を担ってもらえばよいか。

ケースで考えてみましょう。

たとえば、あなたが人事課長。その下に元上司である人事部長が役職定年を機に、部下になったとします。どの会社でもスタッフ系の部門は少人数。元上司にのんびりしてもらう人的な余裕はありません。

では、どんな仕事を担当してもらうか。

できれば、元上司には他のメンバーとの関わりの少ない、まとまった役割を担当してもらうのが望ましいものです。

採用など、複数の人が連携してやらなくてはならない仕事の担当を任せるのは避けたいところです。

他の部下からすると、課長であるあなたと元部長の両方の顔色を見ながら仕事をしなくてはなりません。上司が2人いるような状況になり、指揮命令系統が混乱しがちです。

一方で社員教育などは、比較的自己完結できる仕事です。外部講師を使うことを前提にすれば、研修の企画から運営まで1人で担当することもできます。

そうすれば、元人事部長とあなたの2人で打ち合わせをして進めていけばよいので、他の部下たちの混乱は避けられます。

人事系の部門を題材に解説してきましたが、どこの部門にも比較的少人数で自己完結的にできる仕事があるはずです。そういう分野を任せるとよいでしょう。

また、まとまった仕事以外にも、元上司に向いた仕事があります。

それは、部門間の調整がメインになる仕事です。

元上司は社内でも「顔が利く」ことが多いもの。そのことが活かせます。そういう仕事において、ワンポイントで活躍してもらうとよいでしょう。

元上司が部下になった場合、やるべきことのもうひとつは、言い方に気をつけることです。先日まで「部長」と呼んでいた相手を「〇〇さん」と呼ぶことになります。これは、避けられません。

だからこそ、呼び方以外の話し方は、これまでと同じようにしたほうがよいのです。

ここで、便利なのが「相談があります」と「お願いします」というセリフです。

新たな仕事を依頼しようと思うときなど、最初は相談ということでもちかけると自然です。これまで、いまの部下が自分の上司だったときは何度も「相談があります」というセリフを言ってきたはずです。

このセリフならこれまでと同じ感覚で言えますし、相手もこれまでと同じように受け取れます。内容に関する会話も自然に進められるでしょう。

ただ、実際は仕事を依頼するのですから、単なる相談と取られては困ります。
前述したように、確認や詰めが必要です。

確認や詰めの際、便利なのが「お願いします」というセリフです。

はっきりと依頼、指示であることがわかるように「では今週中にお願いします」というような語尾にします。この言葉も、これまで何度も言ってきた上に、相手も受け取ってきたもの。イエスという返事を引きだしやすいセリフです。

元上司が部下という最も難しい状況も、やり方次第ではなんとかなるものなのです。

POINT

- **元上司の特性を活かした役割を与える**
- **他のメンバーと関わりの少ない仕事を与える**
- **「相談があります」と「お願いします」を活用する**

第2章

「年上の部下」のやる気を引き出すには、どうすればいいか？

「モチベーションの3つの実感」を活用する

年上の部下はモチベーションが低い傾向があり、それが上司のやりづらさにつながります。この章では、大きな問題である年上の部下のモチベーション対策を取り上げます。

年上の部下のモチベーションが低めなのは、仕方がない部分もあります。

彼らの多くは「もう先が見えている」と感じています。そして、年下の上司に仕えている現状は、この先の昇進・昇格が期待できないことを暗示しています。これからがんばったところで、何も得られないと考えてしまうのです。

また、役職定年を迎えた人の多くは、「これまで会社のためにがんばってきたし、能力も落ちていないのに、年齢だけで役職を奪われ、収入も下げられた」と会社に対して恨みに近い感情をもつなど、納得できていないもの。

やる気のなさは仕事ぶりに影響が出ます。また、やる気のない発言が職場のメンバーに悪影響を及ぼすこともあり、職場全体の雰囲気を悪くすることもあります。

ではどうすればよいか。

モチベーション向上の方法として聞かれる言葉に「アメとムチ」というものがあります。ただ、これは、現代のビジネスシーンでは有効とは言えません。部下は物質的に満たされており、少々のアメでは喜びません。またムチには、部下との関係が悪化するリスクがあります。このようにアメとムチは、ただでさえ期待できない方法。まして、年上の部下に通用するとは思えません。

現代のビジネスパーソンのモチベーションの源泉は、次の3つだと言われています。

① 自分の仕事には価値があるという実感

② 自分は職場で価値ある存在であるという実感

③ 自分は成長しているという実感

この3つが揃うとアメやムチがなくてもモチベーションは上がるという考え方です。

これは年上の部下にとっても同様です。自分の仕事に価値があると感じれば、自分の仕事に誇りをもて、モチベーションは上がります。

自分は職場で価値のある存在、キーマンであると感じればやる気になります。さらに、年配であっても、自分が成長している実感がもてればモチベーションは上がります。

しかし、年上の部下にとっては、これらの実感をもつのは難しいものです。

仕事の多くは慣れたもの。価値を感じることもなく、作業に近い感覚でこなしてしまうようになる。また、年下の上司に仕えている状況で自分の価値を感じるのは難しい。一通りのことはできる状況で、自分の成長を実感することは困難です。

しかし「だから、年上の部下のモチベーションを上げることはできない」と判断するのは早計です。やはり軸になるのは、この3つの実感です。

「自分の仕事の価値」を実感してもらうには、材料が必要です。

年上の部下の仕事が、どこでどう役に立ち、誰がどう喜んでいるかをフィードバックします。そのために、管理職が取材をするのもよいですし、場合によっては、そういう情報が得られる場に行かせるのもよいでしょう。

私の知人の管理職は、工場に設備を納品する仕事をしています。

うまくいった現場に、関わった年上のベテラン技術者を連れて行くそうです。

そうすると、顧客からダイレクトに感謝の言葉を聞くことができ、年上の部下のモチベーションが上がると言っていました。これはセオリー通りの行動と言えます。

また、「職場で価値ある存在」と思ってもらうためには、何かにつけ「○○さん（年上部下）のおかげです」という言葉をかけるとよいでしょう。

特に若い人の多い職場では、「○○さんがいてくれるおかげで、職場に安定感がある」「○○さんの存在があるから、外注業者になめられずにすんでいる」といったような、年長者ならではの存在感を前提としたコメントをするとよいものです。

「成長の実感」に関しても、個別面談などの際に、「いまもなお、スキルのレベルを上げ

ている姿には頭が下がります」といったように、伝えるとよいでしょう。

できれば、具体的に「新しいシステムに一番早く慣れて、使いこなしたのは○○さんで**す」**といったように、コメントしましょう。

こうしてみると、「仕事の価値」「職場での価値」「成長」といういずれの実感も、管理職の言動で得られるものと言えます。

つまり、年上の部下のモチベーションを上げる3つのカギは、すべて上司である、管理職、リーダー層がもっているということ。

やり方次第でモチベーションは上げられるのです。

POINT

- **「自分の仕事には価値があるという実感」を与える**
- **「自分は職場で価値ある存在であるという実感」を与える**
- **「自分は成長しているという実感」を与える**

やる気を出させる最適ツールはコーチング

ここでは個々の仕事に対して、前向きにさせ、やる気を出させる方法を提示します。

そのための最適なツールは「コーチング」です。

コーチングとは相手に問いかけ、傾聴することで、相手に考えさせ、自ら行動するように仕向ける指導法です。問いかけの仕方、傾聴の方法は前章で紹介したとおりです。それを一定のシナリオにもとづき、つなげていけばコーチングになります。

まずはベーシックなコーチングの会話を、相手を年上の部下としたケースで挙げます。

上司「いまご自分の仕事で気になっているのは、どんなことですか」
部下「外注業者が思ったように動かないことです」
上司「原因はどんなところにあると思いますか」
部下「外注業者も人手不足なんだと思います」
上司「なるほど。ほかにどんな原因が考えられますか」
部下「外注業者側の見通しが甘かったのかもしれません」
上司「そうですか。今後はどうすればいいとお考えですか」
部下「一回、きちんと話し合ってみる必要があると思っています」
上司「それはよさそうですね。話し合うとすれば、どんな話し合いをしますか」
部下「現状の課題共有とリスケジュールが中心になると思います」
上司「なるほど。そうなると、いつ頃話し合うとよさそうですか」
部下「今月中にしてみます」

コーチングの原型はこのような会話だと考えてください。上司は、基本的に問いかけ

（質問）と傾聴だけしかしていません。また、相手の話はとにかく受け入れるように対応しています。こうすることで相手が自ら行動するように仕向けています。このコーチングには「上から感」がないため、年上の部下の指導法としてとても適しています。

コーチングの流れは、

①　課題の設定
②　原因の質問
③　解決策の質問
④　解決策具体化の質問

というステップです。

①の課題の設定では、**「いま仕事上で問題だと思うことはなんですか」「気になることはなんですか」「うまくいっていないと思うことはなんですか」**というような質問をします。

ここでは、**「いま問題はありますか」**と、答えがイエス・ノーになってしまうような質問をすると**「特にありません」**という答えが返ってきやすくなりますので、最後のセリフを「なんですか（ｗｈａｔ）」にすることがポイントです。

②の原因の問いかけでは、「なぜ」と聞くと、責めのニュアンスが入りやすくなるので、ここでも**「原因はなんだと思いますか」「なにが障害になっていると思いますか」「なにがネックになっているとお考えですか」**というように「なに（what）」を使って聞くとよいでしょう。また、原因は複数あることが多いため、**「ほかにはどうですか」**という質問で聞き出すとよいでしょう。この「ほかには」というセリフで、部下が話しながら「こういうことも原因かもしれない」と気付くことができます。

③の解決策は**「今後どうしたらよいと思いますか」「次の一手はどうお考えですか」「やってみるとよさそうなことはどんなことですか」**というように聞きます。ここでも、**「ほかにどんな手がありそうですか」**と尋ね、解決策の幅を広げさせます。

ここまでくれば、④の解決策具体化はさほど難しくありません。

いつから、どうやって実施するか具体化していきます。

このステップの中で重要なのは②の原因の質問です。

この質問をすると、最初は「自分以外に原因がある」という他責的な発言が出てきて、こちらは、「言い訳は聞きたくない」という気持ちになります。

だから一見無駄な質問に思えるのですが、言い訳的な発言を受け入れるように聞けば、相手は「責められることはない」と安心し、「いつまでもネガティブなことばかり言っていてもしかたがない」という気持ちになってきます。

その上で解決策を聞くから、少しずつやる気になり、前向きな話が出てくるのです。

このように話を展開するのがコーチング。

最終的に出した解決策は本人が考えたものであるため、自己説得は済んでいます。また上司に「いつからやる」と宣言することになり、実行可能性は高くなります。

指示で動かすことも必要ですが、このようにコーチングの手法を使い、前向きな姿勢と行動をつくり出していくのが有効です。

POINT

- 否定せず、受け入れて聞く
- 課題の設定→原因の質問→解決策の質問→解決策具体化の質問
- コーチングによって、相手に自己説得させる

「もう先が長くないから」という言葉は、「何をおっしゃいますか」と笑って聞き流す

年上の部下がよく言うセリフに、**「もう先が長くないから」**というものがあります。

このセリフは困ったものです。

私も年上の部下から、この言葉を言われて、ムッとしたことがありました。

特に、仕事を依頼しようと思ったとき、**「もう先が長くないから若い人に任せたい」**というように断られると、職場運営がしにくくなります。

また、**「もう先が長くないから、ガツガツせずに、のんびりやりたい」**と言われたこともあります。つい**「そういう考え方では困ります」**と顔色を変えて言ってしまいました。

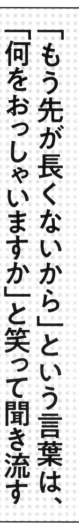

ただ、そうしてしまうと、年上の部下との心の距離は遠くなり、ミゾが深まるばかり。対策を考えましょう。まずは年上の部下の気持ちを察します。

この言葉を年上の部下が発するウラには、主に2つの要因があります。

ひとつは、「新たな重たい仕事を避けたい」という心理。

もうひとつは「どうせオレは」と少々すねている心理。

最初の、新たな重たい仕事を避けたいという心理には、仕事の出し方を工夫することで対処します。この点については、次項で述べます。

次の、少々すねているという心理にはどう対処すればよいか。

結論としては、「何をおっしゃいますか」と笑って聞き流すのが一番です。

理詰めで「まだ7年あるじゃないですか」などと対応しても、よい話にはなりません。あまりとりあわず、さらりと受け流してしまったほうがよいものです。

私の担当している主任・係長などリーダー層のセミナーに、50代後半の方が来ることがあります。その年代の方の多くは管理職になっているのに、本人はその下のリーダー層のセミナーに行ってこいと言われた。周りを見たら30歳代～40歳代。明らかに自分より10～

20歳も若い人ばかり。これは、あまりいい気分ではないでしょう。

こういう年配の受講者の中には、グループディスカッションで、なにかにつけて**「自分はもう先が長くないから」**と言う人がいます。

そういう発言を繰り返されると、同じグループの受講者のモチベーションも下がってしまいますので、講師として対策しなければなりません。

こういうときは、初日のセミナーが終わった後の懇親会を活用しています。

たとえば年配の受講者とこんな会話をします。

「セミナーはどうですか」

「いやー、もう私は先が長くないんで役に立つかどうか」

こういう場面で、講師になりたての頃はモチベーションを上げるよう、色々と説得してみたのですが、たいていうまくいきません。いまは**「何をおっしゃいますか」**と笑って受け流しています。

そして、**「これまでどういうお仕事をしてきたのですか」**といったように話を変えてしまいます。そうすると、相手は結構話します。

そして、自分の仕事にそれなりのプライドをもっていることがわかってきます。

そういう様子になってから、「ビジネス人生の集大成はどんな形が理想ですか」と聞くと、「若い人に経験を伝えてあげたい」「技術を教えてあげたい」といった前向きな話が出てくるようになります。

会話ではアドバイスは控え、前章に出てきた傾聴と質問をベースにしています。アドバイスするよりも、経験に対し「すごいですね」と感心しているほうがよいもの。「いや、たいしたことないですよ」と言いながらも段々表情が明るくなってきます。そういう状態をつくってから、今後の話をしたほうが前向きな話になるのです。

同様のセリフに「もう年だから」というものもあります。

たいてい、その後につくのは「ガツガツせずにのんびりやりたい」「新しい技術を覚えるのは面倒」というようなこと。年下の上司が聞いたら、腹の立つセリフです。

これも対処は同様です。その言葉自体に反応するのではなく、「これまでガッツリやってきた仕事はどういうものでしたか」「得意の技術分野はどういうものですか」と聞いて、相手に話させます。肯定的に聞いていればそのうち表情は明るくなってきます。

そういう状態になってから、**「それを活かさないともったいない気がするのですが、全然活かせないものですか」**と聞くと、たいてい**「まったく活かせないというわけではない」**という言葉が返ってきます。

あとは、**「たとえばどういうことですか」**と聞けば、前向きな話がでてきます。

こういう会話をしておくと、翌日2日目のセミナーでは表情が明るくなり、前向きな発言もするようになります。このように、年上部下層のモチベーションを上げるには、ネガティブな発言に過敏に反応したり、アドバイス的な発言をするのではなく、話をさせ、肯定的に聞くことが大切です。

POINT

- **「先が長くない」は受け流す**
- **経験を聞き出し、感心する**
- **表情が明るくなってから未来の話をする**

好きな仕事を聞き出し、ヘビーな仕事も任せていく

経験豊富な年上の部下の中には、仕事の好き嫌いがはっきりしている人も少なからずいます。そうなると嫌いな仕事、苦手な仕事を避ける傾向が出てきます。

また、新しい仕事を覚えることをおっくうに思い、「もう先が長くないから」と新しい仕事に手を出さない。さらには、「もう年だから」と、負荷の大きいヘビーな仕事を避ける人もいます。

でも、年上とはいえメンバーの一員であることに変わりはなく、役割分担の対象になってもらわなくてはなりません。そして、少しでもやる気を出して取り組んでもらう必要が

あります。

この項では年上の部下にどのように仕事を割り振るかを考えます。

年上の部下に限らず、人にはなんとなく好きなタイプの仕事、敬遠したくなる仕事があります。それを事前に把握しておくと、役割分担はスムーズにできます。

たとえば、年上の部下との面談の際に、**「これまでどんな仕事にやりがいを感じてきましたか」「どんな仕事が自分に合っていると思いましたか」**といった質問で好みを聞いておき、できる限りそういう香りのする仕事を与えるのがモチベーションのタネになります。

この方法が最もオーソドックスですが、うまく会話が進まないこともあります。

それは、**「やりがいを感じた仕事は」「自分にあっていると思った仕事は」**と聞いたときに**「特にないですね」**という答えが返ってきた場合です。そうすると、そこで話が止まってしまいます。そうなってしまったとき、使えるツールがあります。

心理学者のジョン・L・ホランドは、仕事のタイプを次の6つに分けています。

「現実的」→道具・機械を使う、職人的仕事

「研究的」→調査、研究、考える仕事
「芸術的」→感性を使う、デザイン、クリエイティブな仕事
「社会的」→人と接する、支援する、教える仕事
「企業的」→組織を運営する仕事、人や社会を動かす仕事
「慣習的」→規則的な仕事、マニュアルがしっかりしている仕事

好きな仕事、やりがいを感じる仕事という質問に対して、答えが返ってこなかったら、6項目をリスト化したものを見せて**「この中だったら、どれがいいですか?」**と聞いてみるとよいでしょう。「好きな仕事は特にない」という人も、たいてい**「この中だったら、これですかねえ」**と選んでくれます。

それがわかれば、本人が望む傾向の仕事を与えればよいわけです。一方でピッタリとマッチする仕事がなければ、似た香りのする仕事を与えることが対策になります。

たとえば、研究的な仕事を好む人の場合、調査・研究といった仕事がマッチするのですが、そういう仕事がなければ、業務効率化のプランをつくってもらうといった仕事を与えます。

その場合、言い方が大切です。

業務効率化のプランをつくる仕事の場合、単に「この業務の効率化策を考えてください」というより「この業務について、実態を〝調査〟してもらい、効率化の方法を〝研究〟してもらいたいのですが」と、本人が好む仕事に関連が深そうな言葉を選んで依頼します。

本人が好む仕事ならば、ヘビーな仕事であっても負荷の重さを感じにくくなります。

このように、本人の嗜好性にあった仕事や役割を与えていきたいのですが、そうできない場合もあります。たとえ本人が嫌いな仕事であっても、業務分担上やってもらわなくては困ることもあるのです。ここからは、その場合の対処について考えます。

その場合も前述の、言い方の工夫が有効です。

たとえば、「現実的な仕事」を好む人は職人気質であることが多いもの。工作機械などに向かって黙々と作業することを好みます。

この人に若手の指導を頼む場合を考えてみます。

職人気質の人は、他者に説明したり、人を支援するよりも、自分の仕事に没頭したいという傾向があります。まともに話せば敬遠されそうです。

こういう場合は、「指導してほしい」「教えてほしい」というより、「仕事の仕方を見せてあげてほしい」というように話した方が、受け入れてもらいやすくなります。

負担が軽そうな表現を使うわけです。そうして、仕事を見せるような状況をつくってしまえば、意外にきちんと教えてくれることもよくあります。

言い方次第で状況は変えていけます。

POINT

- 「どんな仕事が好きですか?」と本人に聞く
- 「好きな仕事は特にない」と言われたら、6つのタイプリストを見せる
- 好きなタイプに関連が深そうな言葉を使って、仕事を依頼する

年上の部下をほめるなら、主語を自分にする

モチベーションを上げるために「ほめる」のは、年上の部下に限らずやったほうがよいもの。でも、管理職やリーダー層の中には「おだてるようなことは言いたくない」とほめることを躊躇《ちゅうちょ》する人もいます。

気持ちはわかりますが、その考えは変えたほうがよいでしょう。

ほめるのは、おだてることとは違います。相手に「そのおこないは、よいことなのだ」と知らせ、再びやるように強化するという指導方法のひとつなのです。

そう考えれば、ほめたほうがよいのですが、問題はほめ方です。

ほめ方の表現は3つあります。
たとえば提出書類を早く出してくれたときに、

① 相手を主語にほめる
↓「○○さんは仕事が早いですね」

② 自分を主語にほめる
↓「早く出してくれて（私は）助かります」

③ 感謝のメッセージ
↓「早く出していただき、ありがとうございます」

この3つのほめ方で、年上の部下をほめる際に気をつけたいのは、①の相手を主語にした表現です。そのまま取ってくれる人もいますが、逆効果になることもあります。

なぜ、相手を主語にすると逆効果になる場合があるのか。

それは、ほめ言葉の中に〝評価の匂い〟を感じ取ってしまう可能性があるからです。

年上の部下は、年下の上司から評価されることに抵抗があります。

たとえポジティブな意見であっても素直に受け取ってもらえない可能性があるのです。

①の「○○さんは、仕事が早いですね」というセリフは、内容はポジティブですが、評価的な感覚を与えやすいもの。自分に置き換えて考えてみるとよくわかります。

あなたが、入社したばかりの新入社員から「仕事が早いですね」と言われたらどうでしょう。「君、何様なの」というように感じ、素直に受け取れないでしょう。

年上の部下の感覚もそれに近く、たとえ上司であっても年下の人間から評価されるのは、素直になれないものです。

では、どのように言ったら評価の匂いを消せるかですが、②の自分を主語に話すこと、③の感謝のメッセージをお勧めします。

まずは、②の自分を主語に話すことから考えましょう。

先ほどの「○○さんは、仕事が早いですね」というのは、相手が主語。これを自分を主語にした発言に変えると**「早く出してくれて私は助かります」「（私は）○○さんの仕事の早さはさすがだなと思っています」「（私は）○○さんの仕事の早さにいつも助けられています」**というようになります。

こうすれば、評価の匂いを消すことができます。

ちなみに、前出の「さすが」という言葉には、**「前提として相手に対する期待があり、それに応じた結果を出したことに改めて感心した」**というニュアンスがあります。

こう言われて、嫌な気持ちになる人はいないため、年上の部下に対するほめことばとして「さすが」は有効です。

自分を主語にして話すとほかにもメリットが生まれます。

相手を主語にして話すと**「○○さんは仕事が早いですね」**と言った際に、そっけなく**「そんなことはないですよ」**と否定されてしまうこともあります。こうなると、ほめて損したような気にもなります。

一方で、**「早く出してくれて私は助かります」**と言えば、否定はできません。**「あなたは助かっていない」**と否定はできず、そのまま受け入れるしかないからです。

このように、自分を主語にほめるのがお勧めなのですが、この方法は慣れないとセリフをとっさに考えるのは少々難しく、言いそびれてしまう可能性があります。

そういうとき簡単にできるのが、③の感謝のメッセージを加えることです。

たとえば、提出書類を早く出してくれたとき、「早いですね」で終わるのではなく、「ありがとうございます」と感謝のメッセージを加えると評価の匂いが薄まります。

このようにすれば、相手も素直に受け取りやすくなり、本来ねらいたいほめの効果「そのおこないはよいことだと知らせ、再び繰り返すように強化する」ことが実現できます。

POINT

- 相手を主語にほめると、逆効果になることがある
- 「さすが」は役に立つフレーズ
- 感謝の言葉を使うと〝評価の匂い〟が薄まる

目標設定は押しつけず、引き下がらず

ただでさえ難しい目標設定。相手が年上の部下になればなおさら難しくなります。

目標の原則は自主設定。本来、目標管理は部下が自ら成し遂げたいという目標を設定し、その目標をモチベーションの源泉にするものです。だから自主的に設定させたいのですが、そうすると、出てきた目標の到達点がこちらの期待する水準より低かったり、目標が抽象的になることがあります。それは、部下が安全策を取りたいと思うからです。

部下としては、高すぎる目標だと未達になる可能性が高く、それは人事考課、ひいては収入に影響してきます。そうならないよう、達成しやすい安全な目標にしたいという気持

ちになるのは仕方がないことです。

ただ、それを受け入れてしまうと、部下全員が目標達成して、チームは未達成ということが起こりえます。組織上、そんなことは許されません。

だからといって、こちらがリードしすぎると、部下は**「どうせ最後は上司に目標を押しつけられる。自主設定と言いながら実際には結果が決まっている茶番劇だ」**というように考え、モチベーションを下げてしまいます。このように、目標設定は管理職にとって組織、部下の板挟みになる難しい仕事なのですが、対応策はあります。

事前に「これだけは守ってほしい」というガイドラインを提示する方法です。

このガイドラインは、すべてのメンバーに対し「目標のひとつに、対前年比5％以上のアップ項目を入れること」というように一律にする場合と、部下の等級に応じて変える場合が考えられます。

理にかなっているのは、部下の等級に応じてガイドラインを個別に提示する方法ですが、手間がかかりますし、自主設定ではなく指示的になりやすいもの。実際には一律のガイドラインを提示しつつ、「各自の等級に応じた要件も考慮し設定してほしい」ということになる場合が多いです。しかし、そのようにガイドラインを提示しても、部下から期待する水準に達しない目標、抽象的な目標が出てくることがあります。

そこからの話し合いは難しいものになります。部下の自主性を尊重しつつ、チームの目標値と整合性をとる必要があるからです。そこでは駆け引きのようなことがおこなわれます。年上の部下の場合、この駆け引きに慣れている人が多く、交渉はますます難しくなります。では、どうすればよいか。

まず、低すぎる目標を高めに誘導する場合。

その際に使える着眼は、「チームとしてやるべき総量」と「相手の潜在能力」です。

それぞれ5％ずつ、2つ合わせて10％のアップが着地点となるでしょう。

それを実現するためのトークは、

「現在、チームとして達成すべき数字と個々のメンバーの出してきた目標の間に10％のギャップがあります。まずは全員に5％の負担をお願いしています」

というようにチームとしての総量を前提に話します。加えて、

「○○さんの場合、経験も豊富ですし、スキルも高いので、その分でもう5％お願いできないでしょうか」

というように相手の潜在能力を前提とした話をします。

ここで相手が抵抗を示しても、相手の話は傾聴し、粘り強くお願いするということになります。特に相手の経験・スキルを具体的に挙げ、潜在能力がある点を述べると効果的です。それは、相手に敬意を払うトークになるからです。

もうひとつのパターン、「目標が抽象的である」場合は数値化がポイントになります。

目標が抽象的であることは、２つの点で問題になります。

ひとつは評価がしにくいこと。これは管理職側の事情で、部下に言える話ではありません。もうひとつは、本来モチベーションの源泉になるべき目標が抽象的だと、意識されない軽いものになってしまうからです。

たとえば、ボーリングでピンも見えない、スコアも出ない状態で、やる気を出してボールを投げられる人はいないでしょう。抽象的な目標はピンが見えていないようなもの。あいまいな評価はスコアが出ないようなもの。達成感も次のゲームに向けた改善策も生まれません。だから目標は明確なものにしたいのですが、それを要求すると「自分の仕事の成果は金額で表しにくい」という典型的なトークが返ってくる場合があります。そこで、**「金額が一番よいのですが、金額だけが数字ではありません。品質、納期などでも構いません」**

というように視野を広げる提案をします。このように目標の水準を高め、具体的な目標になるように誘導します。**押しつけず、引き下がらず、微妙な舵取りを続け、本人がやる気になり、チームの成果の総量と整合性のあるような目標に誘導しましょう。**難しいことですが、それこそが管理職の腕の見せ所です。

POINT

- **「これだけは守ってほしい」というガイドラインを提示する**
- **「チームでやるべき総量」と「部下の潜在能力」で、落としどころを提案する**
- **目標を数値化させる**

人事考課とフィードバックは制度に頼る

ここでは評価について考えます。

管理職にとって、人事考課も目標設定と同様に難しいもの。自らが下す評価によって部下の処遇が決まり、部下の収入、生活にまで影響を及ぼすという責任重大な仕事です。

この人事考課に向かう管理職には、２つの行動が必要です。それは、

① **考課制度をしっかり理解した上で、期のはじめに部下と共有しておく**

② **期中に記録をつける（マイナスな事象に関しては指導をおこなう）**

というものです。

①の制度の共有は、ゲームが始まる前にお互いにルールを確認しておくということです。これをしておかないと、ゲームが始まってから、あるいはゲームが終わってからルールを知ることになります。それではフェアなゲームになりません。

②の期中の記録は、考課の裏付けになるもので、これがないと考課に関して部下と話し合う際に根拠を示せません。

また、人事考課上マイナスになるような行動については必ず指導します。何も指導せずに記録だけとってマイナスにするのはフェアではありません。部下から「なぜ、そのとき言ってくれなかったのか」と問い詰められたら返す言葉がなくなります。

ここに挙げた人事考課に関する2つの行動は、年上の部下だけでなく、すべての部下に対しておこなう必要があります。

こうして人事考課の結果が出たら、それを部下にフィードバックします。

ここからは、年上の部下独特の難しさがあります。彼らは、年下の上司から評価されることに抵抗をもっている場合が多いからです。まずは原則を確認しましょう。

人事考課のフィードバックは次のような手順でおこないます。

① 本人の自己評価を肯定的に聞く
② 考課結果を伝える
③ ギャップのある点について話し合う
④ 来期に向けた課題を確認しあう

この中で最も難しいのが③のギャップに関する話し合いです。部下の自己考課が低く、こちらの考課結果が高いならば問題ないのですが、実際はその逆の場合が多いもの。部下の自己考課が甘く、上司の考課が厳しい。年上の部下にとってはプライドが傷つきやすく、しこりが残りやすい場面です。

このような局面で必要になるのが人事考課の要件表です。社内には人事制度の説明用の資料があるはずです。これを手元に置いておきます。そして次のように話します。

部下「私はこういう行動をしたので、評価はAでいいんじゃないですか」
上司「おっしゃるように確かにそういうことを実践してくれました。ただ、この要件表で求めているAは、さらに高い水準なのです。しかも、Bは期待通りという評価で決して悪いものではありません」

というように要件表を見せながら話します。

「私があなたを評価しているのではなく、会社が決めた評価システムがあなたを評価している。私はその運用者である」というメッセージの出し方をするわけです。

責任逃れをしているように見えるかもしれませんが、考課にあたる管理職の役割は正にその通りなのです。

このように話すことが最も説得力があり、年上の部下も受け入れやすい方法です。

そして、それを④の来期に向けた課題の確認につなげます。

「たとえば、来期こういうことをしてくれれば、高い評価がつけられます」

というようにお互い確認しておきます。そうすることで来期に向けた方向付けもでき、それを来期の目標設定につなげられます。

人事考課のフィードバックについては、会社で実施することが決められている場合、実施するか否かは、管理職に任されていることがあります。ただ、来期に向けた方向付けができる数少ないチャンスでもあります。そう考えると、フィードバックは、やったほうがよいと言えるでしょう。

考課のフィードバックは気の重い作業。しなくて済むなら見送りたいと思う管理職がいても責められません。ただ、部下は昇給や賞与の額を見れば、どのような評価をされたかおよそわかるもの。お互い気まずい思いをするぐらいなら、フィードバックをしたほうがよいとも言えます。また実際のところ、管理職である自分がつけたスコアを、その上の階層の二次考課で下げられてしまうケースもあります。そのあたりは、率直に話して透明にしておいたほうがよいでしょう。

前項の目標設定から、人事考課、考課のフィードバックは、このように進めていきます。正しくおこなえば、マネジメントにプラスになるツールにできるのです。

POINT

- **考課制度をしっかり理解し、期のはじめに部下と共有しておく**
- **期中に記録をつけ、マイナスな事象に関しては随時指導をおこなう**
- **あくまで会社で決まったシステムで評価しているという姿勢を見せる**

職場ビジョンに冷淡な年上の部下には、未来を見せる

職場ビジョンとは「3～5年後、この職場をこういう姿にしていく」という理想像のことです。管理職がそれを示し、部下が共感し、チーム一丸となってその理想像に向けて進んでいく。そして、それが実現できたとき成果も当然生まれている。

このように進んでいくのが理想ですが、そこに水を差す年上の部下がいます。

チームミーティングで管理職がビジョンを示し、メンバーに意見を求めた際、**「3年後なんて、私はもうお払い箱になってるかもしれませんから」**といったことを言う。

このように、ビジョンに対する共感を得る段階でつまずくと、管理職の描いたシナリオ

は進まなくなってしまいます。

年上の部下がビジョンに冷淡になる場合、原因は2つあります。

ひとつは、職場ビジョンに共感できていないこと。

もうひとつは、3~5年先の自分が活躍しているイメージがもてないことです。

ビジョンに共感できないケースでは、ビジョンそのものが魅力的でない場合と、実現性に疑問を持っている場合があります。

職場ビジョンそのものが魅力的でない場合は「年間売り上げ10億円」といったように、数値目標が前面に来ていることがよくあります。数字自体には共感できる要素が少なく、これでは年上の部下だけでなく、他のメンバーも共感しにくくなります。

魅力的なビジョンには、次のような言葉が使われます。

■「ひとつ」「No.1」「オンリーワン」(世界で、日本で、地域で、同業で、社内で)
■「初めての」(世界で、日本で、地域で、同業で、社内で)

■「手本となる」（世界で、日本で、地域で、同業で、社内で）

■「すべての」（企業に、家庭に、メンバーが）

■「進出する」（世界へ、特定地域へ、特定分野へ）

■「知られる」（マスコミに取り上げられる、○○賞受賞）

■「格が上がる」（部にする、事業部にする、別会社にする）

これらの言葉を活用して、魅力的なビジョンにする必要があります。

次の問題として、実現性に対する疑問があります。年上の部下は経験がある分、悲観的な見方をするものです。**そこで、実現までのシナリオを同時に提示します。**

3年後に社内で一番売り上げの多い支店にするという目標ならば、1年目、2年目、3年目それぞれどのようなステップでそこに到達するのか示します。

このように、共感されやすい職場ビジョン、実現までのシナリオをつくるのが先にやることです。

2つめの原因、年上部下が3～5年後に自分が活躍できているイメージがしにくいことに対しては、話し合いが必要です。**話し合いの主旨は、「この職場ビジョンは、あなたなしには成し遂げられないもの」というメッセージを送ることです。**

「職場にとって自分は価値ある存在である」という実感がモチベーションのタネになることは前述しました。それをもってもらう絶好の機会です。

年上の部下が影響力の大きい存在ならば、職場ビジョンをメンバーに発表する前に、相談という形で話しておくのも手です。

上司「まだ正式に決めたわけではないのですが、3年後に業界でナンバーワン製品を出そうと考えています」

部下「若い人たちに相当がんばってもらわないとダメですね」

上司「おっしゃる通りです。ただ、このビジョンの実現には、○○さん（年上の部下）の経験がどうしても必要なのです」

部下「役に立ちますかね」

上司「重要なカギになると思っています。そして、3年後にはその製品の統括を○○さん（年上の部下）にお任せしようと思っています」

このように、ビジョンの実現に不可欠な存在であることを告げるとともに、ビジョンが実現できたとき、本人に期待する役割も示します。

こうして、あらかじめ話をしておけば、メンバーに発表した際にネガティブな発言をすることはなくなりますし、年上の部下のモチベーションも上げることができます。

職場ビジョンはチームを一段高いところまで導いていくために必要なもの。魅力的なビジョンをつくるとともにうまく活用して、メンバーのやりがいをつくっていきましょう。

POINT

- キーワードを使って魅力的なビジョンを示す
- 実現までのシナリオを具体的に提示する
- メンバーにビジョンを発表する前に、個別に相談をしてみる

第3章

「年上の部下」を職場に溶け込ませるには、どうすればいいか？

上からモノを言う年上の部下には、「失敗談」を話すよう仕向ける

年上の部下は、職場の中で浮いた存在になってしまいがちなもの。職場がきちんと回っていれば、メンバー間の仲がよくなくても問題はありません。職場は仲よしクラブである必要はないからです。ただ、コミュニケーションの悪さが仕事に悪影響を及ぼしたり、チームの雰囲気づくりや一体感の障害になるようなら、それは問題です。

年上の部下がチームの中で孤立する場合、よくあるのが「上からモノを言う」ケース。

これを繰り返していると、周囲はその人に対しだんだん距離を置くようになります。

ただ年上の部下の場合、社歴が長く、経験も多い先輩格のため、どうしても上からモノ

を言いがち。結果的に周囲が離れていくというケースは少なからずあります。これをどう改善させるかを考えましょう。

そもそも、なぜ人は上からモノを言われると嫌なのか。それは、劣等感を感じるからです。次の会話を、後輩の視点で追ってみましょう。

後輩「南北産業さんの仕事がうまくいかなくて」
先輩「君のレベルじゃ苦労するだろうな」
後輩「オーナー社長の会社って難しいですね」
先輩「簡単だよ。一点だけ押さえればいいんだから」
後輩「どういうことですか」
先輩「教えてあげてもいいけど、それじゃ君のためにならないから自分で見つけなよ」

会話中、後輩は「レベルが低い」「簡単なことがわからない」と言われているようなもの。劣等感を感じさせられ、不快な気分になってきます。

おそらく、もう相談しなくなるでしょう。こうして先輩は孤立していきます。そして、後輩は、この先輩のことを悪く言い出す。

あっちこっちでこんなことが起こると、職場全体のムードにも影響してきます。

また、上司としては先輩がもっている知識やスキルは後輩に伝えてもらいたいもの。これではそれが進みません。年上の部下は、このような先輩になってしまうことがあります。

ではどうすればよいか。この逆をやらせればよいのです。

上からの会話が、相手に劣等感を感じさせる点が問題なのですから、相手が優越感を感じるような話をさせればよいわけです。具体的には失敗談を話させます。

私はスピーチの上達法を指導する際、「テーマに困ったら失敗談を話すとよい」と勧めています。失敗談は聞き手が優越感を感じ、聞いていて楽です。また、話し手と聞き手の距離を縮め、共感を得やすいテーマだからです。その逆が自慢話。聞き手が劣等感を感じ、共感が得られにくくなります。これは前出の上からの会話と同じ状況を生み出します。

では、年上の部下にどうやって失敗談を話させるか。

一番単純なのは、朝礼で失敗談のスピーチをさせることです。

これは、年上の部下だけでなく、全メンバーに交代で1分間、失敗とそこから学んだことを話してもらう。週に数回、期間限定でやってみる。実際、これをやると職場のムードはよくなります。これを利用して、年上の部下に失敗談の効果を感じさせます。

本人の番がまわってきて、話が終わったら、**「いいお話でした。○○さんでも失敗することがあるんですね」**というように声をかけます。こう言うとたいていの人は**「いや、失敗だらけですよ」**という返事をしてきます。そこで一言。

「いまの若いメンバーは失敗を恐れる人が多いんです。○○さんでも失敗することがあるとわかれば、チャレンジしようという気持ちにできると思います。これからも、失敗談も含めて話してあげてください」

というように頼んでおきます。また、メンバーから年上の部下のスピーチに対し、肯定的なコメントがあったら、すかさずそれも伝えます。「またああいう話を聞きたい」というような感想があったらしめたもの。

もしスピーチの機会がつくりにくいようなら、1対1の会話の際に、前出のコメントを少しアレンジして伝えます。たとえば、

「いまの若いメンバーは失敗を恐れる人が多いんです。失敗から学ぶことを教えたいと考えています。○○さん（年上の部下）からも、失敗とそこから学んだことを後輩に話してあげてください。私よりも経験豊富な○○さんの話はみんな聞きたがると思います」

というように。

そして、少しでもそんな話をしてくれたときには「ありがとうございます」と感謝の言葉を述べ、再びしてくれるよう強化していきます。上からモノを言うのをやめさせるには、下からモノを言うことで他者が喜ぶことを知ってもらうのが効果的です。

POINT

- 上からモノを言う人は、孤立する
- 朝礼で失敗談スピーチをさせる
- 「経験豊富な○○さんの話を聞かせてあげてほしい」と伝える

悪口・陰口への対処法

年上の部下が、自分のいないところで上司である自分の悪口を言っている。

腹が立ったり、やりきれない思いになるものです。公然と批判をしていなくても、「前の上司はよかった」と言っているのが耳に入ってくるだけでも気分は悪いもの。

この項では、年上部下が自分に対して陰口を言っている場合の対処について考えます。

結論から言いますと、知らないフリが一番いい。対応してもろくなことはありません。

たとえば、「私のことを悪く言っていると聞きましたが本当ですか?」と聞いたところで、否定されるだけ。そしてたいてい「そんなこと誰が言ってたんですか」と聞かれる。

そうなるとこちらが困ります。情報ソースを明かせば、そちらに被害が及ぶ可能性もあります。「誰が言ったのかは言えない」と隠せば、告げ口の犯人捜しがはじまるかもしれない。いいことはありません。

言われるままで対処しなければ、こちらの気分は悪いわけですが、それはポジティブに解釈してしまえばよいのです。

私も年上の部下から、陰で悪口を言われていたことがあります。

年上の部下が、他部門にいる年輩の社員に私のことを「人使いが荒い」と言っていたそうです。私は「これは、遊ばせずにうまく活用できている証拠だ」と解釈しました。そう考えれば腹が立つこともありません。

「オレは干されている」と陰でグチっていた年上の部下もいました。

私は「なるほど。余力があるんだな。じゃあ、少し重要な仕事も任せてみようか」と、知らん顔のまま新しい仕事を担当してもらったこともあります。

このように、悪口は変換してポジティブに解釈すれば気分の悪さを解消できます。

そもそも年齢に関係なく、上司と部下の間には適度な緊張関係があったほうがよいもの。

部下が上司に少々批判的であるということは、そう悪いことではないのです。

それに、どの発言が本人の本音なのかはわかりません。

以前、こんなことがありました。

いつも**「オレは管理職にはなりたくない」**と公然と言っていた年上の部下が、私と個別の話し合いをしている際に**「自分も一度は管理職になってみたい」**とポロリともらしたのです。私としては「そうだったのか」と少々驚きました。

実力的には管理職になってもおかしくない人だったので、私が推薦したところ、彼はめでたく管理職になりました。

ところが彼は、他の部署のメンバーに**「管理職なんかなりたくなかった」**とボヤいていたそうです。私としては苦笑するしかありませんでした。

このように、人はポーズでものを言うときもあります。そんなことまでいちいち気にしていたら、管理職はやっていけません。

ただし放置できないこともあります。自分に対する個人攻撃なら構わないのですが、部門の方針に関して「あのやり方ではうまくいかない」「あの方針はおかしい、間違ってい

る」と言っている。そしてそれをチーム内で言っており、他のメンバーが影響されている場合です。これは完全に足を引っ張られている状況。その場合は放っておけません。

ここからは、その場合の対処について考えましょう。

対策としては、陰で言っていることをオープンにしていくことが有効です。

最もよいのは、チームミーティングを活用すること。たとえば、チームミーティングの場で、チームメンバー全員に向けて、次のようなセリフを投げかけます。

「今期の方針について一度みんなで確認したいと思います。意見を聞き、場合によっては見直します。誰からでもよいので意見を言ってください」

そして反応を待つ。日頃、年上の部下が陰で方針を批判しているのを聞いているメンバーは、当然年上の部下が意見を言うものと待っています。

そこで何も言わなければ、他のメンバーは内心思うでしょう。

「日頃、あんなに文句を言っているのに、こういう場では何も言わないんだ」と。

そうなれば、悪い影響力を弱めることができます。

あとで、**「どうせ言っても変わらないから」**と言ったとしても、それは公の場で堂々と意見が言えなかった負け犬の遠吠えとしか聞こえません。

もし年上の部下が日頃陰で言っていることを正面から言ってきたら、それはチャンスです。オープンな場で話し合いができるからです。

そこは冷静に、聞くべきことは聞き、受け入れられることは受け入れながら、肝心の基本線は変えない。管理職としての腕の見せ所です。

陰で言われていることが個人攻撃ならば、知らない顔を通しながら、自分の都合のよいように解釈してやり過ごしたり、チーム運営に活用する。

チーム運営に悪影響を及ぼしているならば、オープンな場に引っ張り出して対処する。

陰口対策はこのようにしましょう。

POINT

- 自分への悪口は知らん顔がいちばん
- 悪口はポジティブに変換する
- チームに悪影響を及ぼす陰口には、オープンに対応する

年上の部下に悪影響を受けているメンバーには、問いかける

本書は年上の部下にどう対処するかがメインの内容ですが、ここでは年上の部下に悪い影響を受ける若手メンバーについて考えます。

私が例年、社内研修をおこなっている機械メーカーで、製造部門の管理職からこんな話を聞きました。

「うちの工場では、必ずヘルメットをかぶることがルールになっています。ただ、そのルールを守らない年上の部下がいます。注意をしても、しばらく経つとまたやります。特に

夏の暑いときには頻繁にそういうことがあります。それだけでも問題ですが、最近若いメンバーにもヘルメットを脱いでしまう者が出てきました。注意すると、『○○さん（年上の部下）もやっています』と言い返してきます。どうしたものでしょう」

この話には2つの問題があります。

ひとつは、ルールを破り注意しても繰り返す年上の部下の存在。

もうひとつは、それを真似てルールを破る若手社員。

年上の部下の悪いおこないを正すのが先決ですが、年上の部下に対する注意については、次章で解説しますので、ここでは年上の部下に影響されて悪いコースに入ってしまっている若手をどうするかを考えます。

先の例で詳しく話を聞いたところ、ルールを破る年上の部下は、仕事ぶりも悪く、不良品もよく出す。会社に対しても批判的で、困った存在だそうです。

一方の若手社員は、これまで順調に技術力を上げてきて、今後も成長が期待できる存在。早く手を打つ必要があります。

まず私がお勧めしたのは、若手社員との話し合いです。

ポイントになるのは、「○○さん（年上の部下）もやっている」と言われたときに「君は○○さんのようになりたいのか」と問いかけることです。

このことを告げた3ヶ月後、再び研修で出会った管理職は「おかげさまで、いい方向に**進んでいます**」と言っていました。

話を聞くと、若手社員がヘルメットを脱いで作業していたとき、別室に呼んでこんな会話をしたそうです。

上司「工場の中ではヘルメットをかぶってくれ」
部下「でも、○○さん（年上の部下）も脱いで作業しています」
上司「○○さんにも注意している」
部下「そうですか」
上司「ところで、君は○○さんのようになりたいのか？」
部下「いいえ」

上司「では、将来はどんな風になりたいと思っているのか」
部下「技術力を上げて、後輩の手本のようになりたいです」
上司「いいことだね。ならば、手本になるような行動をしよう」
部下「わかりました」

理想的な会話です。
単に注意しただけでなく、将来のなりたい姿を聞き出し、方向付けもできました。
このように、悪い影響を受けている部下に対しては「ああなりたいのか」という問いかけが有効です。それで目を覚ましてくれる可能性があります。

POINT

- 悪影響を受けてしまっている若手には、早く対処する
- 「君は○○さんのようになりたいのか?」と聞いて目を覚まさせる
- 「将来はどうなりたいんだ?」と聞いて方向付けする

親会社から出向してきた年上の部下は、橋渡し役として活用する

親会社から定期的に人が出向してくる。かつて私も企業グループの子会社にいたことがあり、このような状況を経験しています。

特に難しいのは、親会社から出向してくるのが年配の人の場合。

管理職やリーダーにとっては、年上の部下になるわけです。

ただでさえ難しい年上の部下。その上に親会社からの出向者であるという事情が重なります。どうすればよいか、ケース別に分けて考えましょう。

年配の社員が親会社から出向してくるケースは、転籍も視野に入れた長期の場合と期間限定で短期の場合に分けられます。

長期の場合は、もう親会社に戻ることはなく、他のグループ会社への異動もないことが多いもの。そのようなケースでは通常の年上の部下のように接すればよいでしょう。

一方、期間限定で短期の場合は、様々な問題が生じます。

出向先の新しい職場での実務経験が少ない上に、「腰掛け」のつもりでやる気のない人もいます。

また、二言目には「うちの会社では」というセリフで、親会社ではこうやっていたと上から言う人も。親会社ではそこそこの地位にいた人の中には、立場が変わっていることを忘れ、偉そうにしてしまう人もいるわけです。

おまけに、ヒマさえあれば親会社の知り合いに長電話。あちらこちらに電話しては「最近どうだ？」と仕事とは思えない話を延々とする人さえいます。

戦力化どころか、周囲から「あの人はなんなんだ」と言われる存在になってしまい、職場に溶け込ませることができない。

こういう状況に対しては、早く役割を与えることが必要です。

最もよいのは、親会社との橋渡し役です。

職場の他のメンバーにとって、親会社とのコミュニケーションは難しい仕事です。親会社のほうが、優越的地位にある場合が多く、交渉の際、論理的にこちらが正しくても、ポジションパワーで押し切られてしまうのです。

だから、親会社との交渉は難しく、無力感を覚えてしまうこともあります。職場のメンバーにとって、難しく、精神的にもきつい仕事なのです。

一方、出向してきた年上の部下は、ある程度親会社に顔が利くことが多いもの。**出向してきた年上の部下に親会社との橋渡し役を頼めば、職場のメンバーよりうまくいく可能性があります。**

しかも、出向してきた年上の部下にとって、旧知の間柄の人々とコミュニケーションをとることは楽しいこと。親会社との交渉で成果を挙げれば、職場の他のメンバーからも感謝され本人の顔も立つ。一石三鳥ぐらいのメリットが生まれます。本人の持っている資源を活用して職場に貢献してもらうことができるわけです。

そういう仕事が見当たらなければ、親会社と連携して新たな収益のタネをつくってもらったり、課題解決をしてもらうという手があります。仕事をつくるわけです。

かつて私は、親会社から子会社に出向してきた人々だけを対象にした研修をやったことがあります。

研修開始直後、受講者の話は、子会社に対して上からの発言が多く、私は「この様子では、職場の人々は大変だろうな」と感じました。ただ、しばらくすると、彼らのホンネが見えてきました。それは、彼らも「どうしていいかわからない」のだということです。

彼らは「職場で自分は浮いている」「腫れ物にさわるような接し方をされる」「もっとはっきり言ってほしい」と口々に思いを述べていました。

出向してくる年上の部下も悩んでいるのです。

だから、遠慮せず仕事を与え、どんどん活用してしまったほうがよい。

職場に溶け込ませるなら、飲み会より仕事です。どのみち飲み会をやっても、本人の話は親会社の話ばかり。他の職場メンバーは劣等感を覚えるかもしれません。

そんなことより、一緒に汗を流してもらうほうがよいわけです。

余談ですが、親会社から出向してきた年上の部下が問題になるどころか、周囲から感謝された例もあります。私の研修を受講した若手社員から聞いた話です。

「うちの部署に親会社から来た人は素晴らしい人でした。上司を立て、僕らには『それはダメだよ』とよくないことはピシッと注意をしてくれました。親会社との交渉で困っていたときは何度も助けてくれました。その人が、親会社に帰ってしまうという話を聞いたとき、職場メンバーみんなで上司に『あの人を親会社に戻さないでほしい』と頼みに行きました。本人は後でそれを聞いて『ありがたい。自分は幸せ者だ』と涙ながらに語っていたそうです」

こういう人もいます。親会社から年配の人が出向してくる場合、あまり先入観を持たず、遠慮せず、どんどん仕事を与え、活用していきましょう。

POINT

- **親会社との橋渡しという重要な役割を与える**
- **出向してきた側も悩んでいる**
- **その部下用に仕事をつくる**

よそよそしい敬語と態度は、「新しい関係」を築くきっかけにする

「これまで先輩だった年上の同僚が、自分が上司になったとたんによそよそしくなり、距離を置くようになってきた」

これは、リーダー層の研修に参加した受講者から打ち明けられた悩みです。

工場の同じラインで、同僚として仲よく仕事をしていた。

相手は年上だったが、友達のように接してくれ、昼食は毎日一緒に行っていた。

それが自分が班長になり上司と部下という関係になったら、急によそよそしくなり、目も合わせてくれなくなった。昼食は別々、会話は最低限、しかも急に敬語を使って話すようになった……という内容でした。

さみしい気持ちはわかります。

でも、これは仕方がないこと。

むしろ、相手がそうしてくれているのはありがたいことです。

上司・部下の関係になってしまったら、元の関係のままではいられません。

前項でも述べましたが、上司と部下の間には適度な緊張関係が必要です。

相手がよそよそしくしてくれているということは、新しい関係を築くきっかけをくれているということです。

ならば、これを機に相手との間で、新しい関係を築くと考えます。

新しい関係を築く際に必要な考え方は「自分は上司という役割を遂行する」ということ。

自分のほうが偉くなったのではなく、役割が変わったと考えます。

だから、指示すべきことはきちんと指示する。

変な遠慮をすれば、相手は仕事がやりにくくなります。

もうひとつの考え方は、「人生の先輩として敬意を示す」ことです。

こちらも、これまでの親しい話し方ではなく、丁寧な言葉使いをする。

また、飲食店に行ったら、相手を上座に座らせるといったことも必要です。

たとえ年上の部下が**「いや、奥に行ってくださいよ」**と言ったとしても、そこは譲らず**「いや、これは話が別ですから」**と言って、相手を上座に座らせる。

人生の先輩に対する敬意は、そういう細やかな行動で示します。

POINT

- **立場が変わってからよそよそしくなったのは、ありがたいこと**
- **偉くなったのではなく、役割が変わったと考える**
- **年上の部下は上座に座らせ、敬意を示す**

年上の部下との飲みニケーションは、話題と支払いに注意する

年上の部下との飲みニケーションはなかなか難しいものです。

たとえば、暑気払い、忘年会などチームメンバー全員で飲みに行く場合。

こういう席で、年上の部下がやってしまいがちなのが、過去の自慢話。

なかでも若い人が嫌がるのがバブル期の話。共感できるポイントがまったくなく、「それはよかったですね」と冷ややかに反応するしかない。

そして人間、年齢を重ねると同じ話を何度もしてしまいがちになります。ただでさえ聞くのがつらい過去の自慢話。それを繰り返されるのは苦痛でしかありません。

そうは言っても、「その話は前に聞きました」とピシャリと言ってしまうと、せっかくのコミュニケーションの場がしらけます。

意外にも本人は、前に話したことであることを忘れていたりします。

また、さほど悪気はなく、気分よく話しているだけ。こういう場面で、さりげなくストップをかけるには、相手の話の先を言ってしまうのが一番です。

「バブルの頃はタクシー使い放題でさ……」

「銀座ぐらいまではタクシーで行っていたんですよね」

「そうそう。お客さんが高級クラブに連れて行ってくれてさ……」

「座っただけで3万円の店だったんですよね」

このくらい先回りして話せば、相手は過去に話したことと気付き、それ以上話をしくなります。

自分だけなら、何度も聞いてあげてもよいでしょう。ただ、周囲の若いメンバーは気の毒です。こういうときに、さりげなくストップをかけるのも上司の役割です。

また、支払いをどうするかというのもデリケートな話。

大勢で飲みに行くなら、全員均等の会費制でよいのですが、問題は年上の部下と2人で飲みに行く場合。

私は管理職時代、年上、年下に限らず部下と2人で飲みに行くことはありませんでした。部下とのコミュニケーションは重要だと思いますが、飲みに行かなくてもそれはできると思っていました。また、アフターファイブのつきあいを嫌がる部下、したくても家庭の事情などで、それができない部下もいます。

特定の部下と頻繁に飲みに行き、個々のメンバーとのコミュニケーションに濃淡ができてしまうのは避けたいと考えていました。

とはいえ、飲みニケーションでチーム運営を円滑にする手法を否定はしません。

また、自分が誘わなくても、年上の部下から誘われることもあります。

いずれにせよ、年上の部下と2人で飲みに行ったら、最後は支払いが問題になります。

これは、なかなか悩ましい問題です。対処を考えましょう。

管理職、リーダーが、自分から誘った場合は自分持ちということになるでしょう。

誘っておいて割り勘というのもなかなか言いづらいもの。相手が、「いや自分も払います」と言ってきたら**「今日は私がお誘いしましたので」**ということにせざるをえません。

では、相手から誘われた場合の支払いはどうするか、そのときは、帰り際に**「ここは私が」**と払うフリをするというのが大人の作法です。

ここからは、**「ここは私が」**と言った場合の相手の出方別に対処を考えます。

もし、相手が**「そうですか。ごちそうさまです」**と言うなら全額払いましょう。そうなったら仕方ありません。さほど重要な話がなかった場合、最初からタダ飲みが目当ての確信犯かもしれませんので、今後は誘いに乗らないほうがよさそうです。

相手が**「半分出しますよ」**と言ってきたら、しばらく茶番的な押し問答をして、最後は**「では、お言葉に甘えてそうさせてもらいます」**と着地すればよいでしょう。

年上の部下の場合、こういう場面で「年下におごられたくない」という気持ちになる人もいるため、押し切って自分が払うのがよいとは限らないのです。

一方で、相手が「いや、今日は私が誘いましたから」と全額払う雰囲気で言ってきた場合、乗ってはいけません。部下に妙な借りをつくると、その後のマネジメントがしにくくなるからです。とはいえ、相手がこういう場面で年長者として「上からやりたい」という気分でいることもあります。

この場合も、「いや私が」と茶番的な押し問答をした後に、「では、お言葉に甘えて割り勘にさせてください」と着地します。

要は、相手を立てる締め方にすればよいということ。このあたりは、人生の先輩を立てるという形をつくるわけです。

こういうことを煩わしいと感じるならば、年上の部下に限らず、アフターファイブの個別飲みはしない、ということにしてしまうほうがよいでしょう。

そして、職場で短時間に濃密なコミュニケーションをとる方法を考え、実践することに力を注げばよいということです。

POINT

- 周囲に若いメンバーがいる場合、年上の部下の自慢話は先回りする
- 支払いは、基本は自分持ちにする
- 割り勘にする場合は、相手を立てるように着地する

年上のパートタイマーを味方にして、意見を言ってもらう

職場にいる年上は、正社員ばかりとは限りません。

年上のパートタイマーのメンバーがいるケースは増えてきています。

その場合も、管理職にとっては年上の部下になるわけですが、正社員と少々様子は変わります。パートタイマーのメンバーは「自分は社員ではない」と考えており、会社や上司との間に距離感をもっています。

これがいい方向に作用することがあります。

かつて私が年上の部下に囲まれて苦労していた頃、年上のパートタイマーの女性にずい

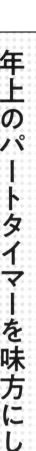

ぶん助けられたことがありました。

彼女は、それとなく他のメンバーの動きを知らせてくれたり、**「私が教えたって言わないでくださいよ」**と前置きして、私がいない間に、メンバーがどんな話をしているのか教えてくれたりしました。

どうしてそんなに親切にしてくれるのかと聞いたら、「息子が同い年で、あなたが苦労しているのを見ていると息子が苦労しているような感じがして」ということでした。

もちろん、そういう人ばかりではありませんが、できるならパートタイマーのメンバーは味方になってもらったほうがよいでしょう。味方は多いに越したことはありません。

どうやって味方になってもらうかですが、これは「聞く」ということに尽きます。

仕事のグチ、家庭のこと、色々なことを話してきますが、彼ら、彼女らはアドバイスを求めているわけではありません。聞いてほしいだけです。だから余計なことを言わず、ひたすら聞きます。

また、教えてもらうというのもよいことです。

年配の方は、冠婚葬祭の作法などよく知っている場合が多いもの。

たとえば仕事関連の知人の葬儀に行く際、香典をどのくらい包めばよいか、といったことは素直に聞き、教えてもらえばよいでしょう。

教えるというのは、相手にとって気持ちのよいことです。「教えてほしい」と言われれば、自尊心が満たされますし、教える場合、上から話ができます。

こちらも、相手が社員の部下だと「そんなことも知らないのか」と思われたくないので、素直に聞きにくいですが、パートタイマーのメンバーになら素直に聞きやすいということもあります。

このようにして、味方になってもらっていると、思わぬところで助けてくれることもあります。

また、パートタイマーのメンバーを職場にうまく溶け込ませ、戦力として活用しているという話を聞いたこともあります。

私のセミナーに来た、食品工場の班長さんから聞いた話です。

彼の職場は3名の正社員と5名の女性のパートタイマーの人々で編成されています。ちなみに、パートタイマーの皆さんは全員班長より年上。彼にとっては年上の部下です。

彼が班長になった当時、職場の方針や仕事の進め方はすべて3名の正社員で決めて、パートタイマーの人々には決まったことを伝えていただけだったそうです。

私のセミナーに参加した彼は「部下の巻き込みには、ブレーンストーミングなどアイデア出しに参加させるのが有効」という話を聞いて「パートタイマーの人たちにもそれをやったらどうか」とひらめいたそうです。

そして、職場に帰りパートタイマーの人々を含む8人のメンバーを集め「食材のロスを減らすにはどうしたらよいか知恵を貸してほしい」と頼んだそうです。

最初の頃は正社員ばかりが発言し、パートタイマーの皆さんは黙っていたそうです。

そのうち、班長が**「○○さんはどうですか？」**とパートタイマーのひとりに聞くと**「いや、私はパートだから」**と発言を遠慮している様子。

それに対し班長は**「いや、いまはアイデア出しをしているところなので、なんでも言ってくださいよ。できそうもないことだって、冗談だっていいんです」**と笑顔で言ったそうです。そうしたところ、少しずつ発言するようになり、最後はパートタイマーの皆さんが

「前から思っていたんですが……」と前向きな提案をたくさんしてくれたそうです。

それだけではありません。この日から、パートタイマーの人たちは**「班長、さっき思ったんですが」**と、様々な提案をしてくれるようになり、以前に比べると表情も明るくなったということでした。また、チームとしての一体感は確実に高まったそうです。

身近にいる正社員以外のメンバーも意見はもっています。

それをうまく引きだし、チームの力にしていくことも管理職、リーダーの役割です。

POINT

- **年上のパートタイマーは強力な味方になる**
- **仕事の愚痴や家庭のことなど、とにかく聞く**
- **「教えてもらう」という姿勢も見せる**

第4章

「年上の部下」を注意するときは、どうすればいいか？

ミスに対しては「〇〇さんらしくない」というフレーズを入れる

年上の部下に対し注意をするのは難しいものです。

素直に聞いてもらえず、ムッとされたり、逆ギレされることもあります。

だからといって、注意しなければ、よくない行動が繰り返されます。

この章では、年上の部下に対する効果的な注意の仕方を考えます。

他者からの注意を、素直に受け取るのは難しいもの。

これは、年上の部下に限りません。

人は、注意されると攻撃されたように感じます。自尊心を傷つけられるピンチと受け取り、本能的に自分の身を守ろうとします。

だから、とっさに言い訳や、正当化に走ろうとします。

ただ、そこで理性的な人は、「まてよ」とその内容を吟味し、相手の言うことが正しいと判断すれば従う方向で対処し、相手の言うことが正しくないと考えれば、お互いの見解のギャップを明らかにし、冷静な話し合いに進みます。

理性的でない人は、内容の吟味をせず、相手の注意をはねのけようとします。あるいは、吟味自体が客観的ではなく、自分に有利なように判断します。そして、相手の言っていることを否定します。ときには従うフリをしながら、内心では否定し続けるということもあります。

年上の部下の中にも理性的な人はいますが、ここからは理性的でないタイプの人を対象に話を進めます。

理性的でない年上の部下には、こちらの言うことが正しいと判断させるところが難しい。そもそも言ってきた相手は年下。自分より人生経験が少ない。その人間が自分より正しいことを言うわけはない、という心理が働きます。

そこで、注意する場合は、最初は注意とわからないようにはじめます。

具体的には事実を並べるところから話します。

そして、次に自尊心を傷つけない言い方をします。

具体的には「○○さんらしくない」という表現です。

「本来は、正しくできる人なのに」というニュアンスを込めて、「あなたの自尊心を傷つけるつもりはありませんよ」という働きかけをします。

たとえば、次のように。

上司「つくっていただいた集計表のことでお話があるのですが」
部下「なんでしょう」
上司「確認してみたところ、ここと、ここの計算が違っていました。○○さん（年上の部下）らしくないと思いまして」
部下「確かに違っていますね。すみません」

こんな感じの流れになります。

このような会話にすれば、相手は比較的素直に受け取ってくれます。

これを、**「計算が違っていました。困ります」**と言ってしまうと、相手は**「いや、忙しくて確認する時間がなかったので」**とか**「前任者のつくったエクセルシートが使いにくくて」**と言い訳に走ります。そうなると、話し合いが前に進まなくなります。

ちょっとした言い方で、ずいぶん結果が異なるものなのです。

さて、注意ということになると、ここまでの会話で終わるわけにはいきません。

再発防止のために、原因を特定し、解決策を合意しあう必要があります。

ここでのポイントは、1章と2章で出てきた「問いかける」（質問する）という方法をとることです。

先ほどの会話の続きを見てみましょう。

上司「いつも完璧なのに、今回はどうしたんですか」
部下「じつは、エクセル表の計算式を壊したかもしれないんです」

上司「と、おっしゃいますと」
部下「計算式のところにダイレクトに数字を入れてしまったかもしれません」
上司「そうでしたか。今後どうしたらよいでしょう」
部下「まずエクセル表を見直してみます」
上司「お願いします。もし、大変だったら言ってください。一緒にやれば問題の箇所が早く見つけられるかもしれません」

問いかければ、このように前向きな話に進んでいきます。

この全体像の中で大切なことは、初回のミスで注意することです。

「たまたまだろう」ということで、言わずに、こちらで直してしまったりすると、本人はミスに気付きません。

注意というのは、本人の不適切な行動を繰り返させないよう抑止するための行動です。

注意しなければ、不適切な行動を繰り返してしまいます。

それに、ミスが繰り返されてから注意すると「らしくない」という言葉が使いにくくなってきます。だから初回に注意するのが最もよいのです。

ここでは、計算ミスといった事象を対象に話を進めてきましたが、これはミスだけではありません。遅刻、欠勤、報告をしない、勝手な判断など、どのような場面でも同じように対処します。

ポイントは、事実を述べ、「らしくない」と告げ、原因と解決策を問いかけて、本人に考えさせるという流れです。

POINT

- **ミスは見逃さず、最初に伝える**
- **自尊心を傷つけない言い方をする**
- **解決策を合意しあう**

グチや会社批判に対しては、影響力の大きさをほめつつ苦言を述べる

「年上の部下の発言が、職場に負のオーラをふりまいていて困る」

こういう悩みをもつ管理職やリーダーは少なからずいます。

繰り返しになりますが、年上の部下がグチや会社批判などネガティブな発言をしてしまう背景には、「会社が自分を認めてくれていない」という気持ちがあります。

ただ、ネガティブな発言は職場運営の障害になることもあり放置してはおけません。

たとえば、新しいことに前向きに取り組んでいるメンバーに**「ウチの会社だとつぶされるだけだよ」**と余計なアドバイスをする。

若いメンバーの中には取り込まれてしまう人も出て、アフターファイブに会社批判大会がはじまる。そのような事態になると、職場運営に実害が出てきます。

そうなる前に、兆しの段階でストップをかける必要があります。

ただ、まともに「ネガティブな発言はやめてください」と言っても、効き目はありません。会社批判大会に上司批判の要素が加わるだけ。ここは大人の対応です。

一対一の対話の際に、まずは相手の影響力の大きさを讃えるところからはじめます。

上司「職場での○○さん（年上の部下）の影響力の大きさはすごいと思います」
部下「そんなことはないですよ」
上司「いやいや、みんな○○さんの言葉は重く受け止めていますよ」
部下「そうですかね」

出だしはこんな感じです。ここからは、お願いです。

上司「そこでお願いがあるのですが○○さんの力を貸してほしいんです」
部下「なんでしょう」
上司「若いメンバーの中には、ネガティブな発言や会社批判をする者もいます。そんなときに、さりげなく注意してやってほしいんです」

この話の流れならたいてい相手の返事はイエスです。これで下地ができました。グチや会社批判でも、程度の軽い人なら、こうクギを刺しておけば抑制できます。ただ相手が重症なタイプだと、これだけでは止まりません。一時的に止まってもまたはじまります。そうなったら第二段階です。

ネガティブな発言が本人から飛び出したら、すぐに一対一で対話をします。**この場合ミスではなく確信犯ですので、注意よりも強い「苦言」を呈することになります。**

上司「先日、若手のグチや会社批判を注意してもらえるようお願いしましたよね」
部下「はあ」

上司「○○さん（年上の部下）の影響力の大きさというお話もしましたよね」
部下「……」
上司「先ほどの発言ですが、私は若手のグチや会社批判を誘発してしまうように感じました。発言には気をつけていただけないでしょうか」
部下「はあ」
上司「○○さんは、発言するときも、色々な背景や意味を込めて言っているのだと思います。ただ、若いメンバーは表面的にとらえて、それがすべてだと思ってしまいます。だから発言には気をつけていただきたいのですが、どうでしょうか」
部下「わかりました。気をつけます」

ここまで話せば、たいていは抑制できます。
この会話の流れは、苦言のセオリーに沿ったものです。
苦言のセオリーは「事実」「影響」「指示」の順で話すことです。
「事実」を述べるのは、相手の反論の余地なく、話の土台をつくるためです。

そして、次の「影響」を述べるのがポイントです。ここでは、あくまで主語を自分にして話します。「私はこう感じた」という言い方なら、相手は否定できません。

最後は「指示」。この際、相手の逃げ場をつくってあげることがポイントです。

先ほどの例で、**「○○さんは、色々な意味を込めて言っているのだと思いますが」**ということがそれにあたります。完全に相手を否定してしまうと、着地点がつくりにくくなります。だから逃げ場をつくっておきます。

この枠組みは、年上の部下に限らず、苦言を呈する際に活用できます。

特に、年上の部下に対して活用する場合は、丁寧な言葉遣い、冷静な話し方、指示は依頼の形で、逃げ場をつくるということが重要になります。

POINT

- **事実を述べる**
- **影響を述べる**
- **相手の逃げ場も用意して指示を出す**

別室で話す

部下に対し注意をしたり、苦言を呈する際、原則は「その場で」です。

たとえば、ミーティングに遅れてきた部下に対しては、その場で注意する必要があります。そうしないと時間通りに集まったメンバーが「あれ。遅刻してきても何も言われない。あれはアリなんだな」となり、時間通りに集まらないメンバーが増える可能性があります。職場の規律が崩壊していくわけです。

それを防ぐためにも、注意はその場でということになります。

ただし、年上の部下に対しては例外です。

内容に拘わらず、他のメンバーの面前で注意されたことで、メンツをつぶされたと感じるからです。

年上の部下は、他の職場メンバーの中では自分が一番上だと思っている場合が多いもの。組織上、年下の上司に仕えていることは否定できません。ただ、部下の中では自分が一番上だと思っています。

だから、他の部下のいるところで注意されることは、下の人間の前で格好悪い姿をさらすことになります。

そうなると、内容以前に「注意」を受けることに拒絶反応を示します。素直になれませんし、下の人間の前で注意されたこと自体を恨むかもしれません。

だから、別室で注意するほうがよいのです。

ミーティングに遅刻してきた場合を例にとって、対処を考えましょう。

相手が若いメンバーなら、遅れて入ってきた瞬間に他のメンバーがいるところで、注意より少し強めの苦言のセオリー「事実」「影響」「指示」で話せばよいでしょう。

【事実】10分遅刻だよ
【影響】ミーティングをはじめられなくて困っていた
【指示】時間通りに来てくれ

という感じです。そう聞けば、時間通り来た他のメンバーも納得します。

しかし、これが年上の部下だと同じようにやるわけにはいきません。

他のメンバーの前で「10分遅刻です」と言い放ってしまうと、下の人間の前で恥をかかされたと感じ、素直になれません。

だからといって何も言わずにスルーしてしまうと、他のメンバーは「なぜ注意しないのか」「○○さん（年上の部下）なら許されるのか」と疑問を持ちます。

そこで、ミーティングは普通にやり、終わった後で、年上部下に「○○さん、ちょっと打ち合わせがあるので残ってもらえますか」と言うようにします。

そして一対一になったところで、注意します。

先に職場に戻ったメンバーは「なんだろう。本当に打ち合わせかな、それとも何か注意

するのかな」と思うでしょう。

もし、職場に帰ってきた年上の部下に周囲がこっそり「なんだったんですか？」と聞いたとしても、年上の部下に「**普通の打ち合わせだよ**」と何事もなかったことにする自由を与えます。**そう言っても、周囲はなんとなく疑うでしょう。それでよいのです。**

別室での注意の仕方ですが、これは先に挙げた苦言のセオリー「事実」「影響」「指示」を元に、相手に逃げ場をつくる方式で進めます。

上司「今日、ミーティングに10分遅れていらっしゃいましたね」**（事実）**
部下「すみません。クレーム対応をしていたもので」
上司「そうでしたか。私ははじめられず困っていました」**（影響）**
部下「すみません」
上司「いま、難しいお客さんを担当なさっているのは承知しています」**（逃げ場）**
部下「ええ」
上司「ただ、ミーティングは定刻に開始したいので、次からは、時間通り来ていただけ

ますか」（指示）

部下「わかりました」

上司「ありがとうございます」

このような会話を別室でおこなうのがよい方法です。そしてそのタイミングは時間を置かずにやるほうがよいもの。

翌日になって**「昨日のミーティングの件ですが」**とはじめると、**「なんで今頃になって」**という印象をもたせてしまいます。注意・苦言は日をまたがず、その場で、ただし別室で、を原則として覚えておきましょう。

POINT

- **年上の部下を、みんなの前で注意しない**
- **「部下の中では自分が一番」と思っているメンツをつぶさない**
- **「事実→影響→逃げ場→指示」で伝える**

自分へのタメ口には、思い切り慇懃《いんぎん》な言葉遣いで、緊張を感じさせる

「年上の部下が自分にタメ口で話しかけてきます。どうしたらよいでしょう」

リーダー層のセミナーで受講者の方から出た質問です。

これは、やりにくいでしょう。**「ナメてんのか」**と言いたくなりますし、他のメンバーの前で**「これ、いつまでにやればいいの」**という口調で言われたら、上司としてのメンツが立ちません。どうすればよいか考えましょう。

まず、年上の部下が上司にタメ口をきいてくる心理を考えてみましょう。

単純な話、上司を上と思っていないのでしょう。敬語は上の人にするもの。上司であっ

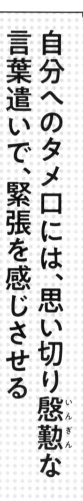

ても、年下だったら下。だからタメ口でいい。こう考えるのでしょう。

また、上司にタメ口をきいてくる部下は、周囲に「自分は上司とも対等に話ができる存在である」というアピールをしたい場合もあります。

いずれにせよ、あまり理性的ではなく、感情的な人である場合が多いものです。だから、こちらが感情的になってしまったら相手と同じ土俵に乗ることになります。

ここは冷静に対処しましょう。対処は段階的にするのがお勧めです。最終的には言葉遣いを改めるよう注意することになりますが、その前にやってみるとよいことがあります。

最もよいのは、自分は相手と違うリズム、言葉で話すことです。

多くの場合、タメ口で話してくる部下は、早口でひとことで言ってきます。これは感情的な人の特徴です。

たとえば、「**これ、いつまでにやればいいの**」と言ってきたら、相手の顔を見て、少し間を空けます。これで相手の会話のリズムが崩れます。そして「**おっしゃっているのは、『この報告書の納期はいつか』ということですね**」と相手の言葉を言い換えて繰り返します。

相手が感情的に来ているのに対し、こちらはクールに、事務的に、慇懃なほど丁寧に対応するわけです。相手は自分のリズムが崩れ、いちいち言い直されるので嫌がります。それが狙いです。これを2〜3回繰り返すと、会話に緊張感が生まれます。そして、相手の言葉遣いも変わってきます。

そして、「これ、いつまでですか」と少し言い方を変えて聞いてくるようになったら、そのときは言い換えをせず「今週中にお願いします」と即答します。

相手に「こう話したほうが、自分が嫌な思いをしなくて済む」と思わせるのです。

たいていの場合、この方法で相手との会話のトーンは変わってきます。

年上の部下のタメ口にイラだっている人は、まずこの作戦をやってみてください。

それでも変わらない場合は、注意する必要があります。その際、言い方に気をつけます。

理想的なのは、一対一で次のような会話をすることです。

上司「ひとつだけ、お願いがあります」

部下「なに」

上司「私は人生の先輩として○○さん（年上の部下）を尊重しています」

部下「そうなんだ」
上司「だから、〇〇さんには敬語でお話ししています」
部下「うん」
上司「私は年下ですが、〇〇さんが私を尊重してくださる気持ちを1%でももってくださっているなら、敬語でなくて構いませんので、もう少しだけ丁寧な言葉で話しかけてくれませんか」
部下「うーん」
上司「たとえば語尾に『です、ます』をつけてくださるだけで、十分です」
部下「わかった」
上司「ありがとうございます」

この会話のポイントは、「1%でももってくださっているなら」という部分です。

これを「ない」と言う相手はまずいません。万一「1%もないので話し方は変えません」と言うなら、もはやそれは上司部下の関係ではいられないということ。

上層部に報告し、異動を含めた、最終手段の検討に進むことになります。

ただ、そのようになることはめったになく、したいわけでもありません。

ここに挙げた初期段階の言い換え作戦、第二段階の注意で十分改まります。

ちなみに、話し方を急に変えるのは意外に難しいものです。

注意した直後は、いままで通りに話しかけてきてしまうかもしれません。

そのときは、「これいつまで？」と言われたら、それには答えず、相手の顔を見て「○○さん、言い方お願いしましたよね。次からは頼みますよ」と、ニヤッと笑って言ってみてください。

相手が「あっ」という表情をした時点で、この問題は解決します。

POINT

- タメ口には、同じ言葉を、あえてより丁寧な言い回しで言いなおす
- あくまでクールに、事務的に対応する
- それでも直らなければ、一対一で注意する

注意に逆ギレされたら、「言い方が悪かったかもしれない」と言いつつ、主旨は変えない

年上の部下に注意をしたら、逆ギレされた。これはかなりピンチな状況です。

こっちも言い返せばケンカになります。とはいえ、引き下がるわけにもいかない。

逆ギレされないよう、自尊心を傷つけないような言い方をする、原因や解決方法について問いかける、という前述のアプローチがよいのですが、ここでは、それでも逆ギレされてしまった場合の対処について考えます。

逆ギレする相手は、たいていの場合、論理的ではなく感情的です。だから論理で対応しても収まりません。

たとえば、顧客向けの提案書がどう考えても説得力がなく、これを提出してもまず通らない。このような場面で、こちらは論理的に話します。「こういう理由で、これでは先方は納得しないのではないか」と。

相手は最初のうち、「でも」「けど」と対抗してきますが、こちらがそれをことごとく論破すると、最後は感情的になってきます。しまいには**「オレはこの仕事をあんたより長くやってるんだ！」**と逆ギレしてしまうことも。

長く仕事をやっていることと、提案書の話は関係ないわけですが、とにかく「オレが正しい」という調子で言ってきます。そうなると、もはや論理的な話はできません。

とはいえ、「こちらが間違っていた、あなたが正しい」とは言えるわけがなく。お互い、抜いた刀を納めるさやがない状態。

こうなったら、最後の手段です。こちらが落としどころを用意します。

言うのは「すみません。私の言い方が悪かったかもしれません」というセリフ。主旨を変えるのではなく、あくまで〝言い方が悪かった〟という話にして詫びます。

この段階で相手は、少し落ち着きます。

ここで、相手が「いや、私のほうも」と言ってきたら、

「お互い、もう一度この提案について、どうすればよりよい成果が出せるか考えてから、また話し合いませんか。○○さん（年上の部下）も私も、よい結果を出したいという同じゴールに向かって話していることですし」

と、その場は納めてしまったほうがよいでしょう。頭を冷やす提案をするのです。

多くの場合、相手も逆ギレしてしまった自分を恥じていますので、これで収束します。

ただ、めったにないことですが、それでも納まらなかった場合の対応についても、考えておきましょう。

たとえば、**「言い方が悪かった」**とこちらが落としどころを用意したにも拘わらず、落ち着くどころか**「あんたはオレのことをバカにしているんだろう」**というように、かぶせてきたらどうするか。

この場合の受け方は**「○○さんはそう思ったんですね」「○○さんはそう感じたのですね」**という言葉が効果的です。

「はい、バカにしてます」「いいえ、バカにしてはいません。あなたが間違っています」

というように、イエスかノーどちらを言っても、売り言葉に買い言葉、ケンカになるような場合、肯定も否定もしない言い方をしたほうがよいのです。

相手もこちらも落ち着く〝冷やし玉〟のような言葉。それが、「そう思ったのですね」というセリフです。そして「そう思わせてしまったことは申し訳ありません。謝ります」という言葉を加えます。

こうすれば、相手のセリフを肯定も否定もせずに、受け取ることができます。そして、受け取れば、相手は落ち着いてきます。そうなったところで、

「私は、○○さんがせっかくつくってくれたこの提案書が、お客さんにスムーズに受け入れられてほしいと思っています」

と述べたあとで、前出のセリフ、

「お互い、もう一度この提案について、どうすればよりよい成果が出せるか考えてから、また話し合いませんか。○○さんも私も、よい結果を出したいという同じゴールに向かって話していることですし」

と話し、納めます。

相手が激高しているときは、子どものような心理状態になっています。こちらが同じレベルで話してもよい結果は得られません。こちらはあくまで大人の対応。周囲で人が見ていたら、どちらが大人か一目瞭然です。

ただし、大人の対応はしても、提案書を見直すというこちらの意思は通します。部下が逆ギレしたからといって、見直しをしなくてよいということにしてしまったら、上司としての役割を果たすことができなくなります。

こういった応酬ができるようになれば、管理職・リーダーとしてもかなりハイレベルと言えるでしょう。年上の部下が注意に逆ギレする、とても難しい場面ではありますが、冷静に対処しましょう。

POINT

- あくまでこちらは大人の対応をする
- 「言い方が悪かった」と詫びの形にする
- ただし、内容は譲らない

欠勤と遅刻が多い場合、総務・人事部門に相談の上、書面で注意する

かつて私も、欠勤・遅刻グセのある年上の部下に悩まされたことがあります。仕事が進まないという実務的な問題もさることながら、職場の規律が乱れるという点も問題です。

私が管理職をやっていたころ、中途入社してきた年上の部下が欠勤、遅刻が多い人でした。彼は一応、連絡は入れてきました。欠勤、遅刻の理由の多くは体調不良。

「頭が痛い」「腹が痛い」「熱がある」「全身にじんましんが出た」……そう言われると、受け入れるしかありません。

ただ、前日の様子や休み明けに出勤してきたときの様子を見れば、そんなに体調が悪い

とは思えない。単なるサボりではないかと疑ってしまうわけです。

こういう場合、つい「やる気がない」「年下だと思ってナメられている」というように考えてしまいがちです。

そして、徐々に年上の部下に対してトゲのある言い方をするようになります。**「前の会社でもこんなに休んだんですか」「もともとそんなに体が弱いんですか」**というように。

しかし、一向に改善しない。むしろ事態は悪い方向に向かいます。

結局、彼は辞めていきました。

経験者・即戦力として期待していたため、失望感も大きかったことを覚えています。

いま考えると私の対処も悪かったと思います。

やるべきことをせずに、感情的になっていきました。

このような場合、本来やるべきことは、

① きちんと理由を聞く
② 口頭で注意する（記録を残す）

③　改善が見られない場合は、書面で注意する

④　それでも改善しない場合は懲戒を検討する

というステップです。

この中で、①〜②について、本来は次のような会話をしたいところです。

上司「この一週間で、欠勤が1日、遅刻が2回ありました。改めて理由をおっしゃって
　　ください」

部下「しばらく前にひいた風邪がなかなか治らず、頭痛などで朝起きられないのです」

上司「わかりました。通院はしていますか」

部下「はい」

上司「わかりました。ただこの1ヶ月の間に、欠勤が4日、遅刻が5回ありました」

部下「はあ」

上司「その分、仕事が進まなかったり、誰かがカバーしなくてはならず、支障が出てい

ます」

部下「すみません」

上司「今後に向けて、○○さん（年上の部下）ができること、私ができることが何か考えてみませんか」

部下「少し早めに寝て、風邪をしっかり治そうと思います」

上司「そうですね。私にできることはどんなことがありますか」

部下「いえ、大丈夫です」

上司「それでは風邪をしっかり治してもらい、来月は無遅刻無欠勤でお願いします」

部下「わかりました」

まずは、こういう会話からはじめます。

これで改善すればよいのですが、状況が変わらない場合、次のステップに進みます。

ここからは、自分の上司、会社の総務・人事部門と相談の上、進める必要があります。

たとえば仮病が疑われる場合、診断書の提出を求めることがあります。そして、状況が変わらなければ、③の書面での注意に進みます。

文書は社長名、あるいは総務部長名で出されることが多く、文面としては、

「貴殿は、遅刻・欠勤が多く勤怠状況がよくありません。口頭で注意を受けたにも拘わらず、改善の兆しがないことから、勤務態度を直ちに改善するよう、文書にて注意します」

といった内容です。

それでも改善が見られない場合、懲戒に進みます。

この場合は、就業規則に基づいておこなうことになります。

ただ、懲戒まで進みたいわけではありません。あくまで①〜②の話し合いで、改善してもらうのが本筋。最悪でも文書での注意で、改善を迫るということです。

POINT

- **遅刻・欠勤は、まずは口頭で注意して記録を残す**
- **改善が見られない場合は、書面で注意する**
- **それでも改善しない場合は、懲戒を検討する**

指示に従わない場合の最終手段は、自分の上司に注意してもらうこと

年上の部下が指示通りに動かず、手を尽くしても改善の兆しが見えない。

そういう場合の最後の手段は、自分の上にいる立場の人間に注意してもらうことです。

ただ、こちらは最後のカード。安易に切ってはいけません。

これをしてしまったら、今後は自分から注意しにくくなります。

なぜなら、自分がその部下と向き合うことを放棄したわけですから。

また、管理職としての力不足であるという評価がなされるかもしれません。それを覚悟する必要があります。

さらに、どのように注意してもらえるか、コントロールが利かないというリスクもあるため、できることはすべてやった上で取る最終手段です。

ここからは、覚悟の上で最終手段を取る場合の進め方を述べます。

最初に相談する相手は直属の上司になります。

ただ、相談する前にやっておくべきことがあります。

それは、指示通りに動かない年上の部下に対する警告です。

たとえば、自分の上司に相談する前に、該当する年上の部下に「**これ以上、指示に従ってもらえない状態が続くなら、私も上に相談しなくてはなりません**」というように話しておく。

これは、上の威光を使ったやり方と取られますので、できればしたくないのですが、もう最終局面という状況ならばしかたありません。

それに、次の段階に行く前の予告という意味もあります。

この発言は、年上の部下が上の存在を恐れているならば効果はあります。年上の部下との関係はよくなりませんが、抑制は効くようになるでしょう。

警告したにも拘わらず指示通りに動かない場合は、次の段階、自分の上司に相談するというステップに進みます。

その場合、メモ程度でも構いませんので文書で事実を列挙したものを準備します。何月何日、どのような指示に対し、相手がどのような返事をしたのか、どのような行動をしたのか記述します。また、それについてどのように注意し、どのような言動があったのかも記します。

相談する相手は、事実を知りたいもの。そうしないと事態が把握できないからです。文書にするのは、口頭だと話の一部分だけが印象に残ったり、記憶があいまいになったりして、こちらがイメージする注意と違うことが言われてしまう可能性があるからです。

事実確認を終えたら、どのような結果にしてほしいかも依頼します。これをきちんとしておかないと、上司が単に「一発ガーンと言ってやればいいんだな」というようにとり、話がおかしな方向に進んでしまう可能性があります。

たとえば、「**指示は原則受け入れる。問題があると思う場合には、客観的に話し合い、できる方向で考えるようになってほしい**」といったように。念のため、その希望も文書に記しておいたほうがよいでしょう。

ただ、その結果にもって行くまでのプロセスで、何をどう話すかは、自分の上司にゆだねるしかないもの。

自分の上司が直接言うのか、別の人に言ってもらうのかも任せるしかないでしょう。

過去にこのようなケースで、指示に従わない年上の部下をもつ営業系の管理職（課長）が、直属の上司である営業部長に相談したところ、営業部長の判断で、総務部長に話をしてもらい事態が収拾できたということがありました。

総務部長は、問題の年上の部下が新人で入社した際から面倒を見ていて、親父のような存在だったそうです。問題の年上の部下も、総務部長には頭が上がらない。しかも、総務部長は人望も厚い方でした。

話し合いは総務部長の **「久しぶりに飲みに行くか」** という誘いでセッティングされました。総務部長は会話の中で、さりげなく職場の様子を聞き、例の年上の部下が上司に対する不満を話したところで、こう言ったそうです。

「君は会社に世話になっているだろう。世話になった会社が指名した上司だ。従わないと

いうことは、会社に従わないということになるんだぞ。いまの話はオレの胸にしまっておくから、明日からは態度を改めなさい」

翌日、年上の部下に悩んでいた営業管理職（課長）のもとに、総務部長から連絡があり、概略の説明とともに、こんな話があったそうです。

「昨日、私と彼が話したことは、君は知らなかったことにしていい。今日から彼の態度は変わってくるはず。万一変わらなかったら、また知らせてくれ」

その日から、年上の部下はある程度、上司の指示に従うようになったそうです。

このような総務部長がいてくれれば、自分の上司に相談することも効果を生むでしょう。

ただ、くれぐれも自分でできる手を打ち尽くした後の最終手段であることは忘れずに。

POINT

- 上を使うのは最終手段
- 相談する際は、文書に事実を列挙したものを用意
- どのような結果になってほしいかを、事前に上に伝えておく

第5章

「年上の部下」のスキルと経験を活かすには、どうすればいいか？

「居場所」をつくる

年上の部下は対処が難しい存在。でも、職場のメンバーであることには変わりなく、その経験や技術を活かして職場に貢献してもらいたい。

かつて役職定年になった社員向けの研修を担当したことがあります。初日が終わった夜、懇親会がありました。私はその場に講師として参加しました。最初は皆さんおとなしく飲んでいたのですが、アルコールが進み出すと場が荒れてきます。会社批判をする人、年下の上司の悪口を言う人、同調する人。私はもっぱら聞き役でした。

そんな中で、参加者のひとりが**「職場に居場所がないんです」**とぽつりとつぶやきました。すると、いままで声を荒げていた周囲の人々も急にしんみりして「オレもです」という感じになりました。

これは年上の部下の本音だと思います。現在の立場に居心地の悪さを感じているのでしょう。職場の中に、居場所を欲しがっていると解釈してよいと思います。

一方、上司としては年上の部下にももっているスキルや経験を活かし、職場に貢献してもらいたいもの。そのために活躍の場をつくることが必要です。また、きちんとした役割を与えたほうが、責任をもって仕事を進めてもらいやすいということもあります。

年上の部下も居場所を欲しがっている。上司としても、活躍してもらうための場をつくったほうがよい。この点については、両者の方向は一致していると考えてよいでしょう。

では、どのような居場所、活躍の場、役割にしたらよいか考えましょう。

年上の部下の特長は次の5つです。

① スキルの根本的な部分に関する知識と経験をもっている

② 社内の部門間調整に長けている

③ 社外に意外な人脈をもっている

④　安定したアウトプットが期待できる

⑤　対人関係能力が高い

これらの特長を活かす方法を考えれば、自ずと年上の部下を活かす場所が見えてきます。

①の技術の根本的な部分に関する知識と経験をもっているのは理由があります。かつて年上の部下が駆け出しの頃の教育法は「習うより慣れろ」という感じ。基本的な作業を何度も反復させていました。そこから仕事の基本を身につける。そういう経験から身につけたスキルは、深みがある場合が多いもの。職人技の世界です。

ところがいまの職場は基本を延々と繰り返させる余裕がなく、マニュアルと機械でなんとかやらせてしまう。その結果、職人技が身につかないということが起こりえます。

だから年上の部下の技術を伝承したい。そのため若手や中堅社員の指導役という役割を担ってもらうとよいでしょう。その際、範囲を絞って「官公庁営業の指導役」「ローン審査の指導役」「金属加工の指導役」というようにしたほうが、深い指導がなされます。

②の社内の部門間調整に長けているのは、社歴が長く社内に知り合いが多いということが要因になっています。この力を活かすために、他部署との窓口的な役割を担ってもらう

とよいでしょう。たとえば、「営業部門と製造部門の橋渡し役」「後工程の部門との実務的な連絡窓口」といったものです。

③の社外人脈については、新規開拓などに活用してもらうとよいでしょう。となると「新規開拓担当」「仕入れ先開拓担当」といったものがマッチします。

④の「安定したアウトプット」は、ホームランはないが打率はいいということです。かつて、私が営業マネージャーだった頃にいた年上の部下は、いつも予算に対して90％の未達成。他のメンバーが120％というような成果を出すと、年上の部下に対し**「たまには120％ぐらいのホームランを打ってほしい」**と思っていました。しかし、環境が厳しくなり、他の部下が80％、70％といった低水準になったときも、彼は90％を出してくれます。ある意味計算しやすい戦力であるということも言えるのです。となると、ホームランか三振かというムラの多い不安定なメンバーと組み合わせて活用することが考えられます。たとえば、ペアを組んで仕事をやらせるといったことです。

⑤の対人関係能力に関しては、人間的な経験が活かされることがあります。私は、講師をやっていますが、私と企業を結び付けてくれるエージェントさんと組んで仕事をするこ

とがよくあります。若い方は細部にこだわり、ロジックでお客さんを納得させようとする傾向があるのですが、年配のエージェントさんは、**「こまかいことは置いておいて、今回は皆さんが元気になればいいんですよね」**という感じで、うまく丸め込んで仕事を成立させてくれたりします。

またトラブルになっても詫びどころを心得ていて、先方も年配の人にあまり言うのも、という感じで納めてくれやすい。ということで、顧客との折衝に向いているということも言えます。ただ、クレーム担当だけが仕事ではさすがに気の毒なので、顧客折衝、クレーム担当というように、複数の役割を与えたほうがよいでしょう。

次項からそれぞれの担当業務でどう活かしていくか、解説します。

POINT

- 年上の部下は居心地の悪さを感じている
- 年上の部下の5つの特長を把握する
- 5つの特長に合った仕事を割り振る

技術の伝承について、きちんとした役割を与え、期限を切って依頼する

年上の部下の特長の①に「スキルの根本的な部分に関する知識と経験をもっている」ことがありました。ここでは、それをどう若手に伝承するかを考えます。

年上の部下がもっている根本的な仕事の技術は、いまや機械が代替しつつあります。医者は聴診器ではなく検査データで判断するようになりました。ビルの外壁のクラックは、ハンマーで叩いて音で判断していたのが、X線で検査するようになり、銀行の与信管理は担当者の経験ではなくシステムのアウトプットで判定されるようになりました。

労働力人口が減る中で、機械化、システム化していく流れはどの業界でも進んでいます。

でもその分、技術の根本的な部分のブラックボックス化も進んでいます。

年上の部下がもっているスキルや経験は、システムの中身に相当します。なぜシステムがそういう判断をしたのか、その数値になるのはなぜなのか、といったことです。

これは、年上の部下の経験やスキルの集大成である場合が多く、技術の空洞化を防ぐためにも伝承していったほうがよいもの。

自分のチームを真のプロフェッショナル集団にするために、年上の部下の経験やスキルを伝承していきたいわけです。


ここで問題になるのは技術の伝承のしにくさです。年上の部下の世代の多くは、技術を教えられたのではなく、見て、経験して覚えてきました。いまだに年上の部下の世代は「技術は教えられるものではなく、見て盗むものだ」と考えています。


教えられて覚えたものではないため、いざ教えようとしてもどうしてよいかわからない。最も難しい技術の中核部分は、本人の手の感触や微妙なさじ加減である場合も多く、その点は伝えるのが難しいということもあります。

だから、「教え方」を教えないと技術の伝承はできません。

技術を伝承するなら、教え方を教えることを含め、きちんとしたマスタープランが必要です。技術伝承に必要な手順は、

① 伝承すべき技術を特定する
② 指導者に明確な役割を与える
③ 指導者に指導のスキルを付与する
④ 期限を切って実践する

というものです。伝承すべき技術は機械化が難しいもの、機械化されてブラックボックスになってしまっているものを優先します。

指導者に明確な役割を与えることも大切です。

年配の技術者の中には「若い人に色々教えてあげたいけど」と言う人も少なからずいます。そういう人に「なぜ教えてあげないのですか」と聞くと「教えてほしいと言ってこないから」と答えます。

一方、若いビジネスパーソンは教えられるのが当然と思っている人も多いのが現状です。**上司が部下に「この仕事やってみるか？」と尋ねたら「教えてもらっていないのでできません」という答えが返ってくるような時代です。**

このような現状ですので、指導者に役割を与え、指導する側、指導される側双方に、仕事の一環であるという意識をもたせないと技術伝承は進みません。

なお、指導される側の人選に関しては、指導する年上の部下の意見を参考にするのもよいでしょう。技術をもっている年上の部下は、直感的に筋のいい人間を選ぶことができます。それに、自分が見込んだ後輩のほうが指導に熱が入りやすいということもあります。

また、技術伝承の受け皿になる後輩のやる気も大切です。

技術の世界では、年齢や経験年数よりも、センスや筋のようなものが重視される傾向があり、それにやる気が加われば技術伝承も進みやすくなります。年齢や経験年数にこだわらず人選するとよいでしょう。

役割を与えたら、次の段階は教え方を教えるということです。

この教え方については、次項で述べます。

最後は期限を切って実践するということです。「時間に余裕があるときに、少しずつ教えていってほしい」ということでは、進みません。

「この技術を、今期中に、このレベルでできるように仕上げる」というように明確なゴールを決めて進める必要があります。そしてそのゴールを指導する側、指導される側の双方が共通認識としてもっている状態をつくります。

さらに指導者に任せきりにするのではなく、定期的に指導の進み具合を確認したり、指導上の課題について確認し、解決の方向を問いかけるコーチング的な指導をおこなうことも必要になります。技術伝承は、多くの企業、多くの職場で課題になっていることです。

それを実現できる管理職、リーダーならばどこに行っても通用します。

POINT

・年上の部下の技術は伝承しにくいもの
・伝承すべきものを特定し、指導のスキルを付与する
・期限を切って実践する

「教え方」を教える方法

仕事ができることと、指導の技術はまったくの別物です。

むしろ、仕事ができる人が教えるのが下手ということのほうが多い。それは、仕事ができる人は多くのことを感覚的に身につけているためです。

教え方は2つあります。

ひとつは知識の付与。

もうひとつはスキル（技術）の付与です。

知識の付与法は主に経験を伝える際に役立ちます。

具体的には、

① 動機づけ
② 説いて聞かせて
③ 効果測定

という手順をとります。

動機づけは、これから付与する知識が何に役立つのかを伝えることです。

説いて聞かせる際には、結論や全体像から話す、ということが重要です。

効果測定は、知識の定着度を確認するために必要になります。

この手順がイメージしやすいように、食品会社で実際に指導していた風景を例として挙げます（内容一部略）。

「いまから、ウィンナーとフランクの違いを教える」
「これを知らないと、スーパーの担当者から素人だと思われてしまうよ」**（動機づけ）**
「結論から言うと太さが違う。直径20ｍｍ未満がウィンナー、20ｍｍ以上がフランク」

（説いて聞かせて。結論から）

「これはＪＡＳ法で決められている」**（説いて聞かせて。続き）**

「質問はない？　じゃあこちらから聞くよ。直径20ｍｍだったら、ウィンナー、フランクのどっちだと思う？」**（効果測定）**

というようになります。

こういう教え方を知らないと、「ウィンナーについては、まずＪＡＳ法というのがあって、それはこういうもので」と延々と話してしまい、時間をかけた割には、知識の付与が進まないといったことが起こります。

次は技術の付与法です。

進め方としては、

①　動機づけ

②　やってみせ

③ 説いて聞かせて

④ させてみて

⑤ ほめて

⑥ 見届ける

動機づけは、知識付与と同様です。

知識付与の場合と異なるのは、技術の多くは動作を伴うという点です。動作は言葉で伝えるよりも見せたほうが早く伝えられます。その後に説明をしたほうが効率がよいもの。

説明は知識付与と同様です。そして、させてみる。指導者はそれを観察します。そして、「ほめる」ですが、正確には「ほめる」だけでなく、要改善点を伝えて、できるまで反復させます。そして、仕事の場できちんとできるまで見届けて完了です。

ビルメンテナンス会社で実際に指導していた例を挙げます。

「いまからモップのかけ方を教える」

「これを覚えると少しの力できれいにできる」**（動機づけ）**
「やってみるから見てて」**（やってみせ）**
「大切なことは3つある……」**（説いて聞かせて。全体像から）**
「では、やってみて」**（させてみて）**
「前半はよくできてた。最後のところ、ここを注意してもう一度やってみて」**（ほめて）**
「明日、実際に現場でやってもらうのでしっかり覚えておいて」**（見届ける）**

この指導法は、私も講師として活用しています。

スピーチの指導など、動作を伴うものは、この方法が最も早く的確にスキルを付与できることを、20年の講師経験で身をもって知っています。

このような指導法を知っているか否かで、経験や技術の伝承を進められるかが決まってきます。

では、どうやって年上の部下にこの指導法を教えるかということですが、最もいいのは上司が手本を見せることです。

ただ、年上の部下にはプライドもあるので、社外のセミナーなどに参加してもらい、そこで覚えてもらうほうがよい場合もあります。

お勧めは、上司自ら指導法のセミナーに参加して、自分がよいと思ったものに参加してもらう方法です。

指導法のセミナーは全国で数多く実施されています。自分自身のスキルアップにつながりますし、年上の部下にも共通の指導法を身につけてもらうことができ、一石二鳥です。

POINT

- **技術の伝承は必須事項**
- **求めるのは知識の付与か？　技術の付与か？**
- **動機づけから見届けるまでおこなう**

新技術は社外のセミナーで身につけさせ、社内で教えさせる

年上の部下にありがちなのが、伝統的な技術は身につけているものの、新しい技術に弱いというケースです。

知り合いのシステム会社の社長から、こんな話を聞いたことがあります。

「年配の技術者の中にはバグが少なく、あとでメンテナンスがしやすいプログラムを書ける人がいます。ただ、最近のプログラム言語やネットワークのスキルがないため、活躍できる場が限定されてしまっています」

一方で、その会社の年配のプログラマーはこんなことを言っていました。

「いまさら新しい言語を覚えるのも大変だし、若い人に頭を下げて教えてもらう気はない」

こういう話はシステム業に限らず、多くの会社であることで、もったいない話です。

ではどうすればよいか。新技術の習得を自己啓発に頼っていては進みません。

まずは新技術を覚えなくてはならない環境をつくります。

前出のシステム会社を例にとれば、最新のプログラム言語を使わなくてはならない小規模なシステムの開発を仕事として与えてしまう、といったことです。

そして、その知識の習得に関しては、社内ではなく社外のセミナーで身につけさせるという方法をとります。年配の技術者の中には後輩から教えられるということに抵抗を感じる人もいます。社外のセミナーならばそういったことも気になりません。こうすれば、本来持っている能力を活かすことができます。

ただ、ここまでで終わってしまってはもったいない。さらに、活用する方法があります。

それは、年配の技術者に社外セミナーで覚えてきたことを、社内の若手技術者などに教えさせるということです。

これには2つのメリットがあります。

ひとつは、最初からその前提でセミナーに参加させれば、「できないから覚えてきて」ということではなく、「教えるために覚えてきて」という名目ができることです。年上の部下に新技術を学ばせるには、こういう大義名分が大切です。

もうひとつのメリットは、教えることで年配の技術者に指導力がつくということです。

おまけに、ひとりセミナーに参加させただけで、大勢参加させたのと同様な効果が得られるというコスト的なメリットもついてきます。

社外のセミナーに参加させるには、稟議《りんぎ》申請をして予算を確保するなど、手間のかかることもあります。ただ、それも管理職、リーダーの仕事のうち。社外のリソースもうまく使い、新技術への対応を進めましょう。

POINT

- まずは新技術を身につけなければならない環境をつくる
- 大義名分をつくり、社外セミナーに行かせる
- セミナー内容を、社内で教えさせる

「評論家的な態度」を活用し、巻き込んで仕事をさせる

年上の部下は、評論家的な態度でものを言うことがあります。それを聞くと上司としては、他人事のようで腹が立つもの。ただ、これは利用することができます。ここでは、年上の部下の評論家的な発言を、チーム運営のプラスにもっていく方法を考えましょう。

たとえば、一対一の話し合いの中で、**「職場メンバーについてどう思うか」**と聞くと、**「A君は、こういうところが弱い」**というように、上から言うことがよくあります。

そこはあいづちを打って、とにかく聞く。気分よく話してもらい、思い切り評論家になってもらうわけです。

そうすると、「B君は……」「Cさんは……」と、次々に評論しはじめます。ここまで来たら、巻き込んでしまうのが得策。**「今日はいいお話が聞けました。今後もぜひ、そういうお話は教えてほしいです」**と言っておきます。

上から話すのは気分のよいもの。しかも、それが役に立つと言われれば、再びしたくなります。

このような状況をつくっておくと、後日、必ずと言っていいほど、

「ちょっとお話が……。ここだけの話ですが、最近B君の様子がちょっとおかしいです。先日こんなことがあって」

というように、情報を入れてくれるようになります。これはよい状況です。

年上の部下がこちら側についてくれています。そうなれば、年上の部下とのコミュニケーションもしやすくなるなど、色々なメリットも生まれます。

このように評論家的な態度は活用することができるのです。

この状況は、もっと活用することができます。たとえば、様子のおかしいB君について、**「私が言うのも何ですから、○○さん（年上の部下）から、それとなくアドバイスしてあ**

げてもらえますか」

と言うと、たいてい喜んで引き受けてくれます。さらに、

「B君には、私が言うより○○さんが言うほうが素直に聞くようなので、今後、彼の指導役を頼めないでしょうか」

と言うと、「できる範囲でよければ」というように引き受けてくれます。

このように、他のメンバーに対する評論家的なコメントは利用するのが得策です。

また、仕事に関しても、同じように評論家的なコメントを利用することができます。

上司「いま、この仕事の効率が悪いのですが、○○さん（年上の部下）から見てどういうところが問題だと思いますか」

部下「お客さんからの回答待ちで、仕事が止まってしまうのが問題ですね」

上司「ほかにはどういう問題がありますか」

部下「変更が入ったとき、やり直しに時間がかかっています」

上司「なるほど。他のメンバーにも意見は聞きましたが、○○さん（年上の部下）の意

見は一番説得力があります」

部下「長いことやっていますから」

上司「ひとつ、この仕事についてアイデアレベルでよいので、見直しの方法を考えてもらえませんか」

部下「わかりました。ちょっと考えてみます」

このようにつなげていくと、巻き込んで主体的に仕事に取り組んでもらうきっかけにできます。どんどん巻き込んでいきましょう。

POINT

- **まずは、気持ちよくどんどん評論家になってもらう**
- **気持ちをノせて、向こうから話しかけてくれるような状況をつくる**
- **こちら側に巻き込んで活用する**

年上の部下のもつ人脈を活用する

年上の部下は、社内外に意外な人脈をもっています。

以前、私が長年講師として登壇している企業の総務部長から聞いた話です。

その会社では、役職定年になった社員だけを集めて、新規開拓専門の新しい部署をつくったそうです。

結果はどうだったかというと、大成功だったとのこと。

年配社員のもっている人脈はすごいもので、それを活用してもらうことで大きな成果が生まれたそうです。

たとえば、いままで営業マンが訪問しても、仕事をもらうどころか面会さえできなかった企業から受注してくる。

どうしてそんなことができたのかと聞くと、**「あそこの部長は釣り仲間で」**というようなことが他にもたくさんあったそうです。

モチベーションも高く、人脈をたどってあちこち行っては、新しい仕事をとってくる。

このケースは、年上の部下を活用するヒントになるでしょう。

ポイントになったのは、任せて自由に動けるようにしたということです。

・交際費予算など一定の権限を与える
・さほど管理はしない
・その代わり成果は求める

このように、年上の部下を他のメンバーとは違う枠組みで自由に動かすことで、もっている人脈を活かしてもらうという手もあります。

また、年上の部下は社内にも様々な人脈をもっていることがあります。

たとえば、他部署の部長が同期でゴルフ仲間だったり、麻雀仲間だったり。

「あそこの管理職は昔、自分が面倒を見た」ということもあったりします。

社内にもインフォーマルなネットワークをもっているわけで、社内調整のような仕事を任せてみるのも手です。

社内外の人脈は、年下の上司にはない場合も多く、年上の部下の人脈を活用することは眠っている資源を活用することにつながります。

POINT

- **年配社員は社外に意外な人脈をもっている**
- **自由裁量部分を多めに与える**
- **社内の人脈もフル活用してもらう**

自分の経験や技術の使い道を、提案してもらう

かつて私はリストラなどの理由で、働く場所を失った高齢の方々の、再就職支援の仕事をしていたことがあります。

職務経歴書の添削をし、模擬面接をするというのが主な仕事でした。

そのときに思ったことは、指導対象の皆さんが、自分の活かし方、使い道を知らないということでした。

模擬面接をやると、**「こういう技術をもっています」「こういう経験があります」**というところまでは言うのですが、**「だから御社のこういうところに役立ちます」**ということが

言えない。そこがはっきりしないので、面接に行く前に書類審査の段階で落ちてしまう。

指導の中で、**「応募先でその技術や経験がどのように活かされると思いますか」**と聞いても、**「それは、先方が判断することでしょう」**というスタンス。

それでは、話が前に進みません。

そこで、**「では、どの業界のどんな仕事で自分の経験やスキルが役立つか、考えてみましょう。私も考えてみますので、○○さんも考えてください。お互い、3つぐらいは考えましょう」**というような話をしました。

後日、私の考えたものを伝えると、たいてい**「無理ですよ」**と難色を示します。ただ、それは想定内。私が考えるのは、本人に考えてもらうためのきっかけにすぎません。

その後、本人の考えたものを話してもらうと、ある程度筋道が通っている。**「なるほど。では、それでいきましょう」**と合意すると、そこからは書類審査も通り出し、面接を受けて、あっというまに内定ということがよくありました。

本人は自分の使い道がわからないわけではなく、それを考えてみようと思わなかっただけ。考えれば、出てくるということです。

これは職場でも同じことが言えます。

本人の技術やスキル、あるいは人脈を活かす仕事を提案するということは上司として大切です。ただ、それだけだと、本人が難色を示したら話が進みません。

だから、前出のように本人に考えてもらうことも大切なのです。

以前、とある企業の管理職研修の受講者である営業課長からこんな相談を受けました。

「営業を担当している年上の部下に、私が『こういう役割をやってみないか』と言っても、全否定されます。どうしたらよいでしょうか」

私は再就職支援のときのことを思い出し、**「では、逆に自分の活かし方を提案してもらったらどうでしょう」**とお勧めしました。

その結果を、次にその方に会ったときに聞くと「あの作戦は成功しました」とのこと。

話を聞くと、こんな会話をしたそうです。

上司「私はいまでも〇〇さん（年上の部下）はチームの大きな力になってくれていると思っています」

部下「はあ」

上司「ただ、○○さんの経験やスキル、人脈をもっと活かせる仕事があるのではと、以前から考えていました」

部下「そうなんですか」

上司「でも、なかなか考えが形になりません。いまのままでもよいのですが、できれば、もっと○○さんの経験やスキルが活かせる仕事を見つけたいと思っています」

部下「はい」

上司「そこで、○○さんの力をお借りしたいのですが、たとえばこういうのはどうか、というのを2つ3つ、考えてもらえませんか」

部下「わかりました」

後日、年上部下が出してきたのは意外な答え、「営業で外資系企業を担当したい」ということだったそうです。英語はできず、純和風なルックス。上司は、外資系企業向けとはとうてい思えなかった人です。

年上の部下に理由を聞くと、「前職で外資系企業を担当したことがあり、外資系企業の仕事の取り方をある程度わかっているので」ということでした。

上司は、その事実をまったく知らなかったそうです。

そうして外資系企業の担当をしてもらうと、以前に比べ積極的に顧客訪問に行くようになり、成果も出はじめたということでした。

こういうケースは珍しいことではないと思います。管理職やリーダーは、年上の部下の経験やスキルをすべて把握しているわけではありません。こちらで考えることも必要ですが、本人に考えてもらうほうがよい場合もあるということです。

POINT

- **じつはみんな「自分の使い道」を考えていない**
- **本人から提案させると、意外な強みが見つかる**
- **本人から提案させると、積極性が上がる**

最終章

タイプ別「年上の部下」に対するチューニング

年上の部下をタイプに分けてみる

ここまでの章で、年上の部下に対する接し方、指導法を挙げました。

ここからは、これまでの方法の効果をさらにアップするため、年上の部下を4タイプに分け、接し方や指導法をチューニングするためのノウハウを挙げます。

まずは、年上の部下を分ける方法から。

【Q1】（A）主張的である↔（B）配慮的である

言いたいことをどんどん言ってくるならA、あまり言ってこないならB。向こうから仕掛けてくるタイプならA、受け身ならB。

【Q2】（1）感覚的である↑↓（2）思考的である

ものごとを気持ちで決めるなら1、論理的に合理的に決定していくならば2。感情が読み取りやすいならば1、何を考えているのかわかりにくければ2。

以上の【Q1】【Q2】の答えの組み合わせで、タイプを判定します。

A・1「直感と行動」の年上部下
A・2「成果と効率」の年上部下
B・1「いい人」の年上部下
B・2「慎重に考える」年上部下

次のページに、それぞれのタイプの特徴を挙げます。

年上部下のタイプ

	❶直感と行動タイプ	❷成果と効率タイプ	❸いい人タイプ	❹慎重に考えるタイプ
行動の傾向	すぐに行動する 勢いで動く 直感的に判断する	ものごとを前に押し進める 成果を重視する 効率を重んじる	他者に配慮する フォローする 協調してことにあたる	よく考える 時間をかける 慎重に判断する
他者から得るポジティブな評価	明るく元気で人を楽しませる 動機づけが上手い	頼りがいがある 明確に指示する 高い目標達成意欲を持つ	誰とでも上手にやっていける おだやかで親しみがわく	冷静で客観的 知性的 高いチェック機能を持つ
他者から得がちなネガティブな評価	思いつきでものを言う 話し過ぎで飽きっぽい	強引で一方的 冷たい 横柄	意見がない 優柔不断 前に出ない	行動が遅れる 細かい 話がまわりくどい
本人が望むこと	注目されて誉められること	思い通りにものごとが進むこと 頼られること	みんなに好かれること	完全で失敗しないこと
いやがること	単純作業の反復 地道な努力	無駄なこと 指図されること	嫌われること 重い責任	失敗すること 批判されること
興味の傾向	誰が?	何を?	どんな?	どのように?
時間との関わり	時間がたつと忘れてしまう	無駄なことに時間は使わない	時の流れに身を任せる	時間をかけて精度を上げたい
ピンチへの対応	やるだけやってだめなら切り替え	戦い抜いてやり通す	問題を避ける 支援を求める	考え込む 落胆する

⬅ 年上部下がどのタイプか、判定が難しいようなら、次の表も参考にしてください。

年上部下のタイプを見分けるポイント

	❶直感と行動タイプ	❷成果と効率タイプ	❸いい人タイプ	❹慎重に考えるタイプ
全体的な雰囲気	活発	重厚	おだやか	物静か
話すスピード	早口	じっくり	普通	ゆっくり
口数	多い	少ない	普通	はじめは少なく、終盤は増える
声	大きい	重い	普通	小さい
話の内容	あちこち飛ぶ	本筋からズレない	相手に合わせる	ひねった表現が多い
視線	目をまっすぐ見る	目をじっと見る	目を柔らかく見る	あまり目を見ない
質問への回答	早い	断定的	あいまい	遅い
話の聞き方	すぐに話し出す	値踏みするように聞く	うなずいて聞く	反応が薄い
このタイプと話すと	楽しくなる	なかなか主導権がとれない	安らぐ	時々混乱する
メール文	短く口語調	短く文語調	丁寧でやや長め	長めで細かい
決断	早い	早い	なかなかしない	時間がかかる
よく使うフレーズ	・バッチリ ・最悪 ・すぐに	・こちらとしては ・こちらから ・で?	・すみません ・できれば ・よわったな	・難しい ・要は ・だけど ・ただし

⬅ 次ページからは、年上の部下のタイプ別の接し方について記します。

1

「直感と行動」の年上部下への接し方

【基本コンセプト】


このタイプの年上の部下は感情的。熱しやすく冷めやすい。

仕事や人の好き嫌いが激しく、言いたいことはどんどん言ってきます。

こちらは、勢いに押されてしまうこともあるかもしれません。

このタイプには、まずは話をさせる。ざっくりと感覚的にものを言ってきますので、聞いていると細部が気になりますが、まずは、それを受け止める。

そして戦術的にならず、本音でぶつかっていき、気持ちに訴えるのが効果的です。

【指示の出し方】

直感と行動タイプに指示を出す際は、「これだけ」という言葉が有効です。

このタイプが嫌うのは、長い話、長い文章、複雑なことがら。

メモもあまり取りませんので、口頭で、

「これだけやってください」

「やり方についてはこれだけお願いします」

という感じで話します。

また、納期は短めで大丈夫です。今日中、明日までにという納期でよいでしょう。

逆に長い納期を設定すると、忘れてしまいます。

このタイプは過去も未来もなく、いまだけを生きている人です。

【やる気アップのポイント】

このタイプは、他者から注目を浴び、賞賛されることを望みます。

「ウチのチームは○○さんでもっているようなものですから」

「この仕事を任せられるのは○○さんしかいません」

といった言葉がやる気の源泉になります。


【職場に溶け込ませるには】


口数は多く、コミュニケーション能力は高いほうです。

ただ、人に対する好き嫌いが激しく、嫌いな相手とは一切口をきかないなど、極端な傾向もあります。

このタイプが嫌う相手は、理屈が多く動かない人。レスポンスが悪い人。

そういう相手とは仕事を組ませないほうが得策です。

このタイプは人気者でいたい、というメンタルがあります。

他の年下メンバーがフランクに声をかけてくる状況が理想です。


【注意する際のポイント】

直感と行動タイプを注意する際は、「すぐに、口で、ひとことで」。遠回しに言うのではなく、ストレートに言ったほうがよいものです。

「○○さん、報告書の期限が過ぎてます」

「あっ、忘れてた」

「困ります。お願いしますよ」

「すぐ出します」

こうして出してきたら、**「ありがとうございます」**でおしまい。

ここで、「次からは頼みますよ」といったことを言うのは余計。効果はありませんし、**「ネチネチとうるさい」**と思われてしまいます。

【向く仕事】

このタイプの部下は、同じことの繰り返しを嫌います。飽きてしまうのです。

新しもの好きですので、誰もやったことがない仕事を与えてもよいでしょう。

また、新規開拓のような仕事にもあまり抵抗がありません。

人と話すのは好きですので、指導もやってくれるでしょう。

仕事に関しては、「早いが雑」という傾向があります。

概算見積もり、試作品といった、急ぎではあるが精度は求めない、という仕事を与えるとよいでしょう。

逆に、検査、品質管理などの精度を求める仕事は向きません。

このタイプは、気持ちが乗れば大きな戦力になってくれる可能性を秘めています。

乗せるのがポイントです。

2 「成果と効率」の年上部下への接し方

【基本コンセプト】

このタイプの年上部下は威圧的。正論でものを言ってきますので手強い存在です。仕事ができ実績をあげることも多く、本来ならば管理職になってもおかしくない存在です。

年下の上司に仕えているのは不自然なのですが、よくあるのが上司や会社とぶつかってしまい、干されているケース。このタイプには任せることが効果的です。駆け引きせず、単刀直入に話す。気持ちで動くより納得して動くタイプですので、論理的に話すのがポイントです。

【指示の出し方】

成果と効率タイプに指示を出す際は、目的と求める成果を明確にします。本人がこだわるのは「何のためにやるのか」ということです。それが明確でないと納得しません。求める成果もできるだけ数字ではっきりと伝えます。本人は自分に自信をもっていますので、少々難度の高い仕事でも引き受けます。そして、ポイントになるのは、やり方を任せるということ。

【やる気アップのポイント】

このタイプは、任されるとモチベーションが上がります。他者からの評価は気にしませんので、お世辞は効果ありません。ほめるなら**「やはり○○さん（成果と効率の年上部下）が一番でしたか。頼りになります」**といった、もともと期待していた上で、予定通り成果を出したことを認め、頼りになるというメッセージを送ると受け取ってくれます。

【職場に溶け込ませるには】

このタイプは、口数は少ないが、ひとことが重い。周囲から畏怖される傾向があります。世間話は時間の無駄と考えて参加せず、孤高の人という存在であることも少なからず。コミュニケーションの量は少ないほうです。

職場に溶け込ませるのは難しいのですが、頼られるのは嫌いではないタイプですので、下の人間から「教えてほしい」と頼まれると対応してくれます。また、人の好き嫌いはあまりなく、誰とも等距離という存在です。

【注意する際のポイント】

成果と効率タイプを注意する際は、結果をもとに話します。結果に対する責任は潔く認めるタイプです。また、**「○○さんらしくない」**という表現も効果的です。本人に対する期待の高さをもとにしたセリフですので、効果があります。

注意する際は、単刀直入に。遠回しに言うと嫌がられます。

【向く仕事】

このタイプの部下は、目的のはっきりしない仕事、成果が目に見えない仕事を嫌います。自分の裁量余地のない仕事には興味を持ちません。また、こまやかな配慮が求められる仕事は向きません。目的が明確で、成果が目に見える仕事を、任せる範囲を広くして与えるのがポイントです。

本人の能力が発揮されるのは、多くの利害関係者が混在するプロジェクトの仕切りなどです。ディベートに強く、統制力もありますので、外部業者のコントロールも向きます。仕事は早く、成果もきっちり出してきます。

このタイプは扱いが難しいですが、存在感もあり、仕事はできます。本人が力を発揮しやすい仕事を任せれば大きな戦力になってくれるでしょう。

3

「いい人」の年上部下への接し方

【基本コンセプト】

このタイプの年上部下は比較的接しやすいもの。
配慮的で、他のメンバーとのコミュニケーションの取り方も悪くありません。
また、真面目にコツコツと仕事をするタイプでもあります。
このタイプの課題は、マイペースになってしまいやすいことです。
また、新しいことに対する不安ももちやすい。
周囲を気にし過ぎて、動けなくなってしまうこともあります。

さらに、あまり力で押し切ろうとすると、突然頑なになり、一度シャッターを下ろすとなかなか開けてくれないという頑固さも秘めています。

ソフトに丁寧に接し、気持ちを引き出すようにしていくのがポイントです。


【指示の出し方】


いい人タイプの年上部下に指示を出す際は、少しハードルを低めに表現するとよいでしょう。自分に自信のない人が多く、**「私には無理ではないでしょうか」**というように考えがちです。

そこで、**「まずは試しにやってみましょう」**とハードルを下げるのが手です。

また、**「一緒にやってもらえませんか」**というアプローチも効果的です。

このタイプは、他者と一緒に行動することに安心感を持ちます。

はじめてしまえば真面目に取り組んでくれるので、まずはとにかく巻き込んでしまうのが得策です。

【やる気アップのポイント】

このタイプは、他者からの感謝がモチベーションのタネになります。

たとえば、

「○○さんがいてくれるおかげで、みんな助かっていると言っています」

「いつも、若いメンバーをフォローしてくださって感謝しています」

というような、メッセージがよいでしょう。

また、このタイプは「ありがとうございます」という言葉を、ほめのメッセージととります。

【職場に溶け込ませるには】

このタイプは、人の話をよく聞き、トゲのあることはあまり言わないため、自然に周囲に溶け込むことができます。

グチの聞き役になってくれ、若いメンバーを癒やしてくれることもあります。

誰とでもうまくやっていける存在ですが、人の気持ちがわからない相手を内心嫌います。

【注意する際のポイント】

いい人タイプの年上の部下は、ソフトに注意します。

このタイプは、少し言っただけで重く受け止めます。

注意する際は、

「○○さんのことなので、もう反省してくださっていると思いますが」

というように、逃げ場をつくっておくとよいでしょう。

ソフトに注意するだけで十分効果はありますので、あまり追い込まないでおきましょう。

【向く仕事】

このタイプの部下は、人に貢献する仕事が向いています。

また、同じことの繰り返しでも手を抜かずコツコツとやります。

本人の能力が発揮されるのは、総務・人事的な仕事、顧客サポート、保守業務など、どちらかというと、地味な傾向の仕事です。

営業でも、ルートセールスなど、安定した仕事が向いています。

逆に、豪腕を発揮しなくてはならないプロジェクトの仕切りなどでは、立ち往生してしまうことがあります。八方美人的な対応になりがちだからです。

もし、本人に向かない仕事もやってもらわなくてはならない場合は、成果と効率のタイプと組ませ、弱みを補わせるとよいでしょう。

このタイプの部下は、若いメンバーのカウンセラー的な存在になり、職場に安定感をもたらしてくれる可能性があります。戦力的には、ホームランを打つタイプではなく、送りバントを確実に決めてくれる、縁の下の力持ち的な存在です。

④

「慎重に考える」の年上部下への接し方

【基本コンセプト】

このタイプの年上部下は、なかなか動いてくれないという難しさがあります。

また、なにかにつけて**「でも」「けど」**と批判的なレスポンスをするため、上司側はストレスをためやすくなります。

仕事もスピード感がなく、時間がかかります。

ただし、このタイプはアウトプットの精度は高く、チェック能力が高いため、仕事の与え方によっては、職場によい影響をもたらしてくれます。

使い方次第というタイプです。

【指示の出し方】


慎重に考えるタイプに指示を出す際は、おおらかな気持ちで臨みます。

指示を出すと、第一声は**「難しい」**という反応であることが多いもの。

そこで、イライラするとよくありません。

「やっぱりこうきたか」と受け止めましょう。

そして、たいていできない理由を色々と挙げてきます。それは、傾聴しましょう。

じつは、慎重に考えるタイプの人は、そうやってできない理由を挙げながら、頭の中でリスクを整理しています。

次の一手は、

「わかりました。このままでは難しいということですね。では、どういう条件なら可能になるでしょうか」

と振ることです。そうすると、たいてい「こういうことでよければ」と条件を出してきます。そこからは交渉です。

このタイプは引き受けるまでには手間がかかりますが、一度引き受ければ、精度の高いアウトプットを出してきます。


【やる気アップのポイント】


このタイプは、計画的、知的、完璧であることがモチベーションのタネになります。

たとえば、

「計画の精度がすごいですね」

「そこまで事前に考えていたのですね」

「完璧ですね」

というような、メッセージがよいでしょう。

また、このタイプは複雑なパズルを完璧に解くような仕事をしているとき、モチベーションが上がります。

【職場に溶け込ませるには】

このタイプは、やや暗め、口数少なめに見える場合も多いのですが、一度話しはじめると長々と話すという傾向もあります。また、グチが多く、皮肉っぽい物言いをしたり、ひねりすぎでわかりにくい冗談を言うこともあり、周囲を戸惑わせることもしばしば。

ムードメーカーにはなりにくいですが、攻撃的な言動はしないため、危険な存在にはなりにくいものです。本人が自然に振る舞えるようにしておけばよいでしょう。

【注意する際のポイント】

このタイプを注意する場合は少し時間をかけるとよいでしょう。

注意の原則は、事実を述べ、らしくないと告げ、原因と解決策を問いかけて、本人に考えさせるという流れでした。このうち、原因と解決策のところがポイントです。

考えるタイプは即答が苦手。その場で原因と解決策を考えるのは困難で、固まってしまうこともしばしば。お互い時間の無駄になる可能性があります。

そこで、**「原因と再発防止策を少し考えてみてもらえませんか」**と告げておきます。宿題にするわけです。「明日夕方に声をかけますので、それまでちょっと考えてみてください」

というように期限を切るのもポイントです。

【向く仕事】

このタイプの部下は、パソコンに向かって黙々とデータ分析、プログラミングをするような仕事が向いています。また、チェックの精度が高いので、品質管理なども向いています。逆に、新しいことには過敏なほど慎重で、新製品開発や新企画は苦手です。

それよりも、既にある製品・企画の改善といった仕事で能力を発揮します。

本人が苦手とする仕事をしてもらわなくてはならない場合は、直感と行動タイプと組ませると弱みを補わせることができます。

このタイプの部下は、アウトプットの精度を高める存在になってくれる可能性があります。「でも」「けど」には過剰に反応せず、受け流して活用しましょう。

あとがき

最後まで読んでいただき、ありがとうございました。

年上の部下への対応が難しい理由のひとつに、従来のマネジメントや部下指導のセオリーが単純にあてはめられないということがあります。セオリーの多くは、部下が自分よりも経験や能力が低い前提でつくられてきたからです。

マネジメントや部下指導の本を読んでも、例文は「がんばっているね」「今後どうしたらいいと思う？」というように、年下の部下にかけるセリフばかり。年上の部下にそのまま使えるものではありません。だからと言って、セオリーなしに自分の感覚に頼って対応するだけではいい結果が出ない。

そこで、本書では「従来のマネジメントや部下指導のセオリーを、年上の部下にマッチするようチューニングして使う」ことを原則にしました。

多くの先人が苦労を重ねて「こうすればうまくいく」と見つけたセオリーを活かしなが

ら、年上の部下という独特な存在に対応できるようにしていくというのが、本書の基本姿勢です。

私は27歳という若さで管理職になったため、一般的なビジネスパーソンに比べ、多くの年上の部下と接してきました。

振り返ると、年上の部下に対し「未熟な上司で申し訳なかった」という気持ちになります。そんな私が「やっとまともな対応ができるようになった」と思えたのは、30代の後半、社内でも気難しいと恐れられていた年上の部下をもったときでした。

仕事はできるが、無口で一匹狼的な存在。そんな彼をチームとしてどう活かすか、他のメンバーとどうやって相乗効果を出していくか、いつも緊張感をもってマネジメントをしていました。

2年ほどたった頃、当時の役員から「新たにつくる部署に彼を異動させたい」という話がきました。打診ではなく決定事項でした。

その話を彼に告げるのは私の役目。条件もよく、期待され、望まれての異動であることに加え、私はこう言いました。

「これだけはお伝えしたいのですが、私は自分がやりにくいから、あなたを出したいわけではありません」

もともと無口な彼は黙って聞いていました。そしてひとこと、

「オレは異動したくないですね。この部署はすごく働きやすいですから」

このセリフを聞いたとき、「自分はやっと、年上の部下のマネジメントができるようになったのだ」と思えました。いまは、彼だけでなく、私の部下になってくれた多くの人生の先輩に感謝の気持ちで一杯です。

読者の皆様にも、そんな日が来ますように。

本書がその一助になれば幸いです。

濱田秀彦

著者プロフィール

濱田 秀彦（はまだ・ひでひこ）

株式会社ヒューマンテック代表取締役。1960年東京生まれ。早稲田大学教育学部卒業。住宅リフォーム会社に就職し、最年少支店長を経て大手人材開発会社に転職。トップ営業マンとして活躍する一方で社員教育のノウハウを習得する。

1996年に独立。現在はマネジメント、コミュニケーション研修講師として、階層別教育、プレゼンテーション、話し方などの分野で年間150回以上の講演を行っている。これまで指導してきたビジネスパーソンは3万人を超える。

おもな著書に、『あなたが部下から求められているシリアスな50のこと』（実務教育出版）、『上司の言い分 部下の言い分』（角川SSC新書）、『上司のタテマエと本音』（SBクリエイティブ）など多数。

著者エージェント：
アップルシード・エージェンシー
http://www.appleseed.co.jp/

「年上の部下」をもったら読む本

2018年10月1日　第1刷発行

著　者　　濱田秀彦

発行人　　櫻井秀勲
発行所　　きずな出版
東京都新宿区白銀町1-13　〒162-0816
電話03-3260-0391　振替00160-2-633551
http://www.kizuna-pub.jp/

ブックデザイン　池上幸一
著者エージェント　アップルシード・エージェンシー
印刷・製本　モリモト印刷

ISBN978-4-86663-047-2

きずな出版